身になる練習法

軟式野球
ビルドアップ式強化ドリル

著 **丸山王明** 横浜修悠館高校（陸上自衛隊 高等工科学校教官）

INTRODUCTION

はじめに

私の指導する横浜修悠館高校の生徒たちは、全員が陸上自衛隊の教育機関である高等工科学校の生徒たちです。敷地内で寮生活を送り、毎朝のランニングやトレーニングで常日頃から基本的な体力を高めており、他校の選手と比べると"異色"と言えるかもしれません。

　その一方で、練習時間は毎日90分と限られており、入部してくる生徒も野球経験者とは限りません。ここに来て初めて野球のバットを振るような初心者もいます。

　だからこそ、指導においては全員を平等に、初心者の生徒でも確実に上達していける指導を心掛けています。本書のタイトルである「ビルドアップ」の通り、一つずつしっかりと積み上げていくこと。そのためには、なるべくシンプルに、「野球は難しくないんだ」と感じてもらうことも大切にしています。

　中級者、上級者であっても、実はキャッチボールをやらせてみるとボールの回転や曲がりが一定でない生徒もいます。彼らに対しても、初心者と同じように指導することで基本を見直し、技術進歩につながることもあるのです。

　本書では軟式野球の特徴を踏まえ、短い練習時間のなかでも着実にビルドアップしていくために横浜修悠館が行っている練習メニューを紹介します。初歩的なものも多いので、軟式野球をはじめたばかりの中学生や高校生はもちろん、草野球で楽しんでいる大人の方も参考にしていただけると思います。この本が皆さんの野球技術向上、そして楽しく野球をするための一冊となれば幸いです。

横浜修悠館高校（陸上自衛隊 高等工科学校教官）
丸山王明

CONTENTS
目次

第7章　投球

終章　練習計画の立て方

本書の使い方

本書では、写真やアイコンなどを用いて、一つひとつのメニューを具体的に、よりわかりやすく説明しています。写真や"やり方"を見るだけでもすぐに練習を始められますが、この練習はなぜ必要なのか？　どこに注意すればいいのかを理解して取り組むことで、より効果的なトレーニングにすることができます。普段の練習に取り入れて、上達に役立ててみてください。

▶ 主にねらう能力が一目瞭然

練習の難易度や、その練習がどの能力をねらったものかを具体的に紹介。自分に適したメニューを見つけて練習に取り組んでみましょう。

▶ なぜこの練習が必要か？

この練習がなぜ必要なのか？　実戦にどう生きてくるかを解説。また練習を行う際のポイントも示しています。

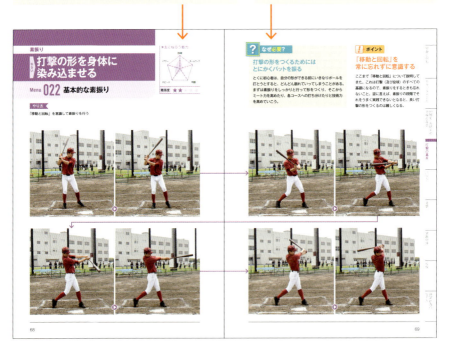

そのほかのアイコンの見方

 **ここに注意！**
練習を行う際の注意点や、NG例などを示しています

 **ワンポイントアドバイス**
掲載した練習法をより効果的に行うためのアドバイスです

 Extra
練習にまつわるエピソードなどを紹介します

 Arrange
掲載した練習法の形を変えたやり方の紹介です

序 章

移動と回転

ボールを投げる動作と、
ボールを打つ動作というのは、
「移動と回転」という運動の仕組みとしては同じだ。
野球の基本技術のさらに土台となる運動の原理について、まず解説する。

投球動作の「移動」

正確な体重移動が
投球動作のスタート

　実は、ボールを投げる動作と、バットを振る動作は仕組みが同じであるということをご存知だろうか？　どちらも、「移動」と「回転」、そして投球なら腕から先でのハンドリング、打撃ならバットの回転へとつながっており、この一連の動きが連動することで、強くバットを振

ることができる。まずはそれを理解するために、投手の投球動作を見てほしい。

　人によって細かいフォームは異なるしオーバースロー、サイドスロー、アンダースローなどの投げ方も異なりはするが、右投手の場合、まずは左足を上げることから動作がはじまる。身体を右足で支えてタメをつくりながら、左足の方向へ真っすぐ重心を動かしていき、左足を着地

させる。ここまでが投球動作における「移動」である。

　この「移動」は投手の投球に限らず、野手の送球においても同じく必要な動作であり、左足が着地した方向がボールを投げる先となる。詳しくは、後の各章のなかで練習方法などを説明するが、この「移動」は投げる動作のいわばスタート地点となるので、単純な体重移動だと思

わず、この動作が必要である理由をしっかりと理解しておいてほしい。この動作から、次のページで説明する「回転」につながり、そして最終的に指先に強い力がかかることで強いボールを投げることができるのだ。

投球動作の「回転」

肩中心の回転が
強いボールを生み出す

　続いて、「回転」の動作を見ていくことにしよう。左足が地面に着いたら、そこからは体軸を中心とした肩の回転運動がはじまる。

　よく初心者がキャッチボールなどを行うと、パートナーに対して正対した状態でボールを投げていることが多い。もち

ろん、腕の振りやボールの投げ方を段階的に覚えていくためには必要なステップではあるが、ボールを投げる動作というのは、人間の身体の構造上、パートナーに対して横を向き、「移動」して着地した左足を軸にした回転動作でボールを投げることで強い球を放ることができる。

　この「回転」における注意点は、「移動」の動きと連動させることにある。「移

動」でついた勢いを殺してしまっては強いボールを投げることはできないし、正確性も落ちてしまうだろう。

さらに野手となれば、投手と違ってセットされた状態でボールを投げることはあまりなく、走りながら投げる、回転しながら投げることもある。この"ながら"をできるかが、上級者と初心者の分かれ目でもある。

この「回転」を動作のロスがないなかで行うことができれば、その力は自然と強く腕を振ることにつながり、指先へ強い力として伝わっていく。そして、しっかりとボールをリリースすることができるのだ。投球動作における「移動」と「回転」を身につける練習については、主に第1章キャッチボールにて紹介するので、一つずつ取り組んでいってほしい。

打撃動作の「移動」

短い距離でもしっかりと移動する

　今度は、打撃における「移動」をまずは見ていくことにしよう。

　投手が捕手側の前足を大きく踏み出しながら体重移動を行うのとは違い、打撃においてはそこまで大きな「移動」は発生しない。しかし、写真のように右打者の場合は左足を上げて（あるいはすり足で）ステップするように踏み込んでおり、

これが打撃における「移動」である。P10の写真のとおり、この「移動」は投手とまったく同じ動作であることがわかるだろう。

　この際に重要なのは、軸足（右足）の股関節に7割ほどの体重を残した状態でスタートし、左足に力を伝えていくことである。この動きがなく、上半身やバットが回転するだけでは、ボールをとらえても打球が遠くまで伸びることはない。

また、ゴロも弱い打球になってしまう。

このステップの幅については人それぞれであり、選手によってはノーステップで打つこともある。ただし、どの場合においても体重移動は必ず発生しており、それが打撃の根幹をなす動きであることには変わりはないのだ。

この「移動」ができていなければ、そのあとに続く「回転」、そしてバットのヘッドが回ってボールに力が伝わること

もない。引っ張って打つ、流して打つ、引きつけて打つなど、どの打ち方をするにせよ必要な動きであることを覚えておいてほしい。小さい動きではあるかもしれないが、良い打撃をするうえでは必須の動き。初心者であっても、上級者であっても、ここがしっかりできているかをよく確認してみよう。

打撃動作の「回転」

連動した動きでバットを振る

　まず根本的なところではあるが、バットで打ったボールを遠くへ飛ばすためには、何が必要なのだろう？　腕の力を使うことだろうか？

　打撃の仕組みを考えたときに一番大切なのは、重さのあるバットを、ヘッドの重みを生かしてグリップを中心にムダな力がかかることなく遠心力のままに回転させ、ボールに衝突させることである。バッティングセンターなどで、非力に見える人が、腕の力を使わなくても力強い打球を飛ばしているのを見たことがあるかもしれないが、これはバットの重さを十分に生かしているからである。腕の力がないからこそ、バットが自然と回り、バットの重さと衝撃でボールが飛ぶのである。

　打撃動作の「回転」についても、基本

は投球の「回転」と同じである。「移動」による体重移動の勢いが止まる前に、自然に肩から回転がはじまるのが良い。自然に「移動」して、自然に「回転」さえすれば、肩が回転するぶん投手側の腕（右打者なら左腕）はそのまま出てくるはずなので、あとは捕手側の腕（右打者なら右腕）をボールのコースに合わせて、ヒジの伸ばし方を調整して当てるだけである。

このように、投球と打撃の「移動と回転」は仕組みが同じであることがわかっただろう。基本であるこの2つの動作を、同じ仕組み・原理のなかで考えて身につけることは上達のためのファーストステップであり、崩れたときの立ち返る場所でもある。逆に言えば、これができてないと上達は難しいので、しっかりと理解したうえで取り組んでほしい。

デザイン／有限会社ライトハウス
　　　　　黄川田洋志
　　　　　井上菜奈美
　　　　　藤本麻衣
　　　　　山岸美菜子
　　　　　明日未来（おおきな木）

写　　真／矢野寿明
編　　集／木村雄大（ライトハウス）

第 1 章

キャッチボール

正しく投げる動作の基本を身につけるためには、
キャッチボールで動作を一つひとつ確認しながら、
段階を踏んで練習していくことが大切。
ゼロからでも、正しいフォームで、
強いボールを投げられるようになるためのメニューを紹介していく。

キャッチボール

身体の部分ごとに意識を向けながら段階を踏んで投げる動作を身につける

ねらい

Menu 001 相手に正対＆足を真っすぐ

≫主にねらう能力

技術
パワー ／ チームワーク
スピード ＼ 判断

難易度 ★ ☆ ☆ ☆ ☆

STEP1

▶ やり方

7～8m 程度の距離でパートナーと向かい合う。

両足を肩幅程度、左右に開き、パートナーに「正対」したままボールを投げる

? なぜ必要？

「移動」の感覚をつかむ

STEP 1 では、両足は固定したまま、山なりにはならない程度の強さで、ボールを投げることの感覚をつかむ。まず下半身は使わずに、上半身だけで真っすぐ投げる形をつくることを意識。STEP 2 では、足をパートナーに向かって真っすぐ踏み出すことによって、クロスステップを防ぐ。クロスステップになると、ボールが左右にぶれてしまうことがあるからだ。重心がパートナーに向かって真っすぐ「移動」していく感覚をつかみ、安定したボールを投げられるようにしよう。

STEP2

やり方

STEP 1 と同様にパートナーに正対したまま、前足（右投げの選手であれば左足、左投げであれば右足）をパートナーに向かって「真っすぐ」踏み出してボールを投げる

グラブを有効活用して「回転」につなげる

ねらい

Menu 002 グラブを目標に向ける

STEP3

やり方

前足を真っすぐ踏み出すと同時に、
グラブをはめた手をパートナーに向かって伸ばし、両腕を大きく開いてボールを投げる

ポイント

肩は最後まで回し切る

「正対」のポジションからグラブをパートナーに
向けることで、十分に回転するための肩の角度が
得られる。ボールをリリースした後も、しっかり
肩を回し切るようにしよう。リリースのとき、右
目の前に右肩があるイメージを持つと良い。

移動と回転

キャッチボール

内野手・外野手の
守備の基本

打撃の基本

バント

走塁

実戦守備

投球

練習計画の
立て方

正しいリリースポイントを体感する

ねらい

軸足を前に出す＆足を入れ替える

≫主にねらう能力

技術
パワー　チームワーク
スピード　判断

難易度 ★★★

STEP4

やり方

軸足（右投げの選手であれば右足、左投げであれば左足）を正対のポジションから
パートナーに向かって1歩踏み出し、その体勢でボールを投げる

移動と回転

キャッチボール

内野手・外野手の守備の基本

打撃の基本

バント

走塁

実戦守備

投球

練習計画の立て方

❓ なぜ必要？

「肩を回し切る」状態を知る

この練習の目的は、しっかり肩を回転させたうえでボールを「前で放す」感覚をつかむこと。ボールを前で放そうとすると、どうしても「手投げ」になりがちだが、軸足を踏み出した体勢で投げることでしっかりと肩が回転し、「肩を回し切った」状態をイメージすることができる。

⚠️ ポイント

腕の角度をキープ！

腕の角度を保ったまま足を入れ替えることで、「正しいリリースポイントはここなんだ」という感覚をつかもう。

STEP5

やり方

STEP 4 でのボールのリリースポイントを保ったまま軸足を本来の位置に戻し、リリースポイントを強くイメージしてボールを投げる

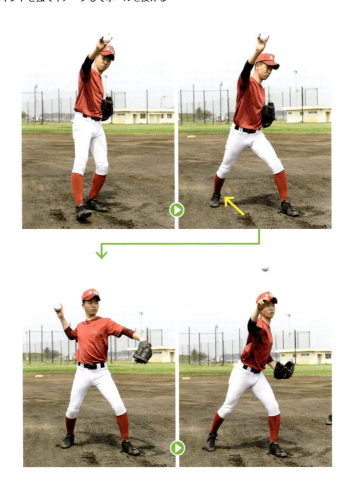

ゼロポジションを保ったまま「ヒジから先」を柔らかく振る

ねらい

Menu 004 ヒザ立ち投げ＆ダーツ流の投げ

≫主にねらう能力

（技術・チームワーク・判断・スピード・パワーのレーダーチャート）

難易度 ★★★☆☆

STEP6

▶ やり方

ヒザ立ちの体勢で、ヒジの位置が下がらないように、ゼロポジションをつくることを意識してボールを投げる

これが
ゼロポジション！

✕ ここに注意！

腕を強く振ろうとしない

この練習では、肩が最も安定する「ゼロポジション」をしっかりつくることが目的。速いボールを投げようとして、腕を強く振ろうとすると、どう

しても肩にムダな力が入って逆効果になる。このメニューを通じて、ヒジから先の「手」を柔らかく振る感覚を身につけよう。

移動と回転

キャッチボール

内野手・外野手の守備の基本

打撃の基本

バント

走塁

実戦守備

投球

練習計画の立て方

！ ポイント

手は最後まで振り切る

握ったボールは小指から相手に向け、手を振り終わったら親指は下を向く。その手の振りを意識しよう。必ず手は最後まで振り切ることが重要だ。ヒジが伸びたところで止めるのではなく、再び曲がると

ころまで振り切る。ブレーキをかけてロックしてしまうと、ヒジや肩の故障につながるからだ。ケガを未然に防ぐフォームをつくろう。

STEP7

やり方

本来の軸足を前方に踏み出した体勢から、ダーツの矢を投げるような感覚でボールをリリースする。
ここでもゼロポジションからヒジの位置を保つことを意識する

横

前

キャッチボール

「移動」を意識した
足の運び方を身につける

ねらい

Menu 005 足の運びを入れて投げる

≫主にねらう能力

技術
パワー　チームワーク
スピード　判断

難易度 ★★☆☆☆

STEP8

やり方

正対した状態から軸足を開き、
前足をパートナー方向に移動させることを意識しながらボールを投げる

全身

? なぜ必要？ 上半身に足の運びを組み合わせる

STEP 7 までのメニューでは主に上半身、そして腕の動き一つひとつを身体に覚え込ませて、正しく投げる動作を身につけてきた。このメニューでは、序章で説明した下半身の「移動」を取り入れて、正確に強くボールを投げられるようにする。軸足（写真では右足）はパートナーに対して開くようにセットし、前足（写真では左足）はパートナーに向けて真っすぐ向けるように着地させる。この方向がブレてしまうと、ボールも左右にブレてしまう。最初は、地面に T 字のように目安となるラインを引くのも良いだろう。

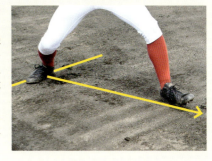

移動と回転

キャッチボール

内野手・外野手の守備の基本

打撃の基本

バント

走塁

実戦守備

投球

練習計画の立て方

足元拡大

キャッチボール

実戦での守備を意識して動きがあるなかで正確に投げる

ねらい

Menu **006** ステップワークから投げる

≫主にねらう能力

技術
パワー　　チームワーク
スピード　　判断

難易度 ★★★ ☆ ☆

STEP9

やり方

パートナーからのボールを捕り、正面へ一歩踏み出しながらボールを投げる
（フロントクロスステップ：右足を左足の前へ送り、軸足をつくる動作）

? なぜ必要?

実戦では動きながら投げることがほとんど

試合の守備のなかでは、静止した状態からボールを投げることはほとんどなく、動きながらボールを捕り、その流れで投げることのほうが多い。まずは正面へ動きながら投げる。その際に **STEP 8**

での軸足のセット→前足での方向づけを意識すること。次に、軸足の位置を変えて横、斜めの動きのなかでやってみよう。

STEP10

やり方

パートナーからのボールを捕り、後方へ一歩踏み出しながらボールを投げる
（バッククロスステップ：右足を左足の後ろへ送り、軸足をつくる動作）

column 1　あえて外したところへ投げるのも練習

　この章では、ボールを投げることの最も基本となるキャッチボールについて紹介しました。ゼロからはじめる選手も着実にステップアップできるようにかなり初歩的なところから少しずつステップアップしていけるように細かく紹介したので、ある程度の技術をすでに持っている選手にとっては少し物足りないものになっているかもしれません。ただ私がこれまで見てきた選手のなかには、実力がありそうに見えて、実はキャッチボールをやらせるとボールが少しシュート回転していたり、身体の使い方に改善の余地がある選手もいました。初心者向けの練習だと思って読み飛ばさずに、熟練した選手でも基本の確認だと思って改めて取り組んでほしいと思います。

　キャッチボールにおいては、相手の胸に正確に投げる、また捕るほうは身体の正面で捕るのが基本ではありますが、あえて外れたところに投げて捕る、というのも一つの練習です。相手の届く範囲で高いところ、横に外れたところに投げるというのはそれだけコントロールが必要になってきますし、逆に捕るほうは、足を動かして捕る、あえて腕だけ伸ばして捕るなどしてみましょう。実戦のなかではすべてのボールが身体の正面で捕れるわけではないので、そういった事態に対応するための練習ともなります。単純なキャッチボールですが、工夫の仕方によっていろいろな意味合いを与えることができます。たかがキャッチボール、されどキャッチボールです。

第2章
内野手・外野手の守備の基本

軟式野球においては、
特にボールの跳ね方が硬式野球とは違うこともあり、
守備の面で気をつけなければいけないことも多い。
内野手、外野手のボールの捕り方を基本から身につけていこう。

軟式特有の打球にしっかり対応する

Menu 007 基本フォームの確認

やり方

基本の捕球位置とグラブの使い方を確認する。両足を開き、両ヒザを曲げ、グラブは顔よりも前の位置に。
そして、グラブは地面に対して垂直に立てる

⚠ ポイント①

グラブは「顔の前」で「立て」て「捕球面」をつくる

まずイメージするのは、バウンドの小さいグラウンダーの打球。向かってくる打球に対して、グラブを

垂直に立てて「捕球面」をつくることが最も大切。
そして、捕球位置は必ず顔の前になるようにする。

移動と回転

キャッチボール

内野手・外野手の守備の基本

打撃の基本

バント

走塁

実戦守備

投球

練習計画の立て方

✕ ここに注意！

グラブは寝かせない

グラブが寝た状態になっていると、軟式球は軽いため、とくに強い打球の場合にボールがグラブに収まらず、転がり上がってしまう。その結果、大きなファンブルにつながってしまう。グラブをしっかり立てることが重要だ。それによって「捕球面」をつくることができれば、仮にファンブルしたとしても、ボールをコントロールしやすくなる。

▲グラブが寝てしまうのは NG

！ ポイント②

身体の近くで捕ろうとしない

身体に近い位置で捕球しようとすると、イレギュラーバウンドへの対応が難しくなる。軟式の打球は硬式と比べるとイレギュラーが起きやすいので、必ず顔よりも前の位置に「キャッチングポイント」をつくっておくことで、イレギュラーに対応できる距離を得ることができる。軟式の打球はバウンドを重ねることでどうしても勢いが弱まるので、「はじいて取って投げる」のではアウトの確率が下がってしまう。より確実な捕球を心がけよう。

OK 顔よりも前で捕球

NG 身体に近すぎる

グラブさばきを身につける

ねらい

Menu 008 2人1組でのペッパー①

≫主にねらう能力

（技術・チームワーク・判断・スピード・パワー）

難易度 ★★★

> やり方

2人1組となり、3mほど離れたところから、パートナーに正面、
さらには左右にボールを軽く転がしてもらい、ボールを捕る

▲まずは身体の正面で着実に捕球できるようにする。少しだけ左右にボールを動かしてもらう

▲慣れてきたら、左右へより広く転がしてもらう。
必要に応じて、バックハンドにしたり、足も動かすようにする

移動と回転

キャッチボール

内野手・外野手の守備の基本

打撃の基本

バント

走塁

実戦守備

投球

練習計画の立て方

⚠ ポイント

頭の高さは変えない

「キャッチングポイント」は常に顔よりも前の位置を保ち、頭の高さも変えないようにしながら、グラブを動かしていく。フロントハンドの場合でもバッ

クハンドの場合でも、Menu007で説明したようにグラブの面にボールを当てることを意識しよう。

👆 ワンポイントアドバイス

≫ グラブは地面を滑らせる

グラブは「地面を滑らせる」ように動かすことが重要。しっかりと立てたまま、地面を這うように動かしていく。軟式球はボーンとボールが

弾むが、弾んだ場合でも、下からヒジを曲げる動作で対応するように。写真はフロントハンドの場合だが、バックハンドの場合も同様に。

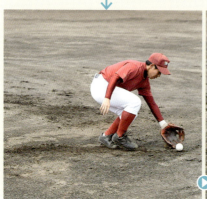

「ダウンボール」で キャッチする

ねらい

Menu 009 2人1組でのペッパー②

≫主にねらう能力

技術
パワー　チームワーク
スピード　判断

難易度 ★ ★ ★

▶ やり方 ◀

2人1組となり、5mほど離れたところから、パートナーにワンバウンド、
もしくはツーバウンド程度になるようにボールを投げてもらい、落ちてくるボールを捕る

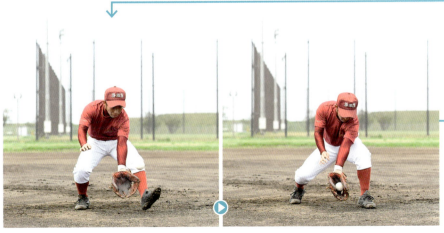

ワンポイントアドバイス

» 胸の高さを基準にする

バウンドが小さくて低く飛んでくる打球であっても、軟式球はボールが下がってくるところ、すなわち「ダウンボール」で捕球することが求められる。常にダウンボールでの捕球をねらうことで、ミスの確率を減らしていこう。逆に大きく弾んだ打球に対しては、胸の高さをひとつの基準にしてみるのが良い。バウンドしたボールがちょうど胸の高さに来るようであれば、ダウンボールを待たずに捕球することをイメージしながら打球に入っていくが、胸よりも高く弾んだ場合は、ボールが落ちてくる地点にとにかく早く入って、ダウンボールで処理するようにしよう。

また、両手で捕るということについて、グラブの性能が良くなったため「片手」でも十分に捕球できるが、素早い送球までの一連の流れを考えると、送球するための「手」はグラブの近くにあることが重要だ。

内野手の基本

ショートバウンドで
キャッチする

ねらい

Menu 010 2人1組でのペッパー③

》主にねらう能力

```
          技術
  パワー         チームワーク
  スピード        判断
```

難易度 ★★★

やり方

2人1組となり、5mほど離れたところから、パートナーにツーバウンド程度になるような
ボールを投げてもらい、ショートバウンドでボールを捕る

ワンポイントアドバイス

》 グラブは必ず立てる

ダウンボールでの捕球をねらっていった結果、その軌道に入りきれず、ショートバウンドでの捕球を求められるケースがある。このときのポイントは、グラブを必ず立てること。グラブを寝かせてしまうとまったくのノーチャンスになるので、手首を立てることを意識しよう。

! ポイント

バックハンドでも立てる!

グラブはあくまで「手」の補助道具。ボールと手のひらの面が直角に関係することが大切。

Level UP!

グラブを伏せる練習も!

ショートバウンドの打球に対して、グラブを立てるだけの余裕を持てない、そうした不測の事態も時として起こりえる。そのようなケースを想定して、グラブを伏せてショートバウンドをキャッチする練習もしておこう。できるだけ避けてほしい捕球方法だが、試合では何が起こるか分からない。遊び感覚でグラブを伏せて捕る技術を身につけておくと、いざというときに活きてくるはずだ。

移動と回転

キャッチボール

内野手・外野手の守備の基本

打撃の基本

バント

走塁

実戦守備

投球

練習計画の立て方

ハーフバウンドで
キャッチする

ねらい

Menu 011　2人1組でのペッパー④

≫主にねらう能力

技術
パワー　　チームワーク
スピード　　判断

難易度 ★★★★

やり方

2人1組となり、5mほど離れたところから、パートナーにツーバウンド程度になるような
ボールを投げてもらい、ハーフバウンドでボールを捕る

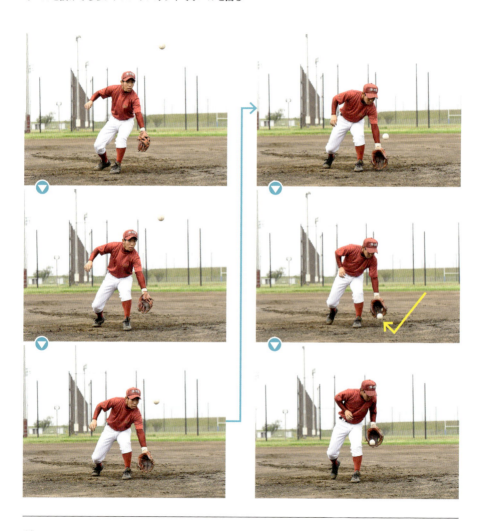

移動と回転

キャッチボール

内野手・外野手の
守備の基本

打撃の基本

バント

走塁

実戦守備

投球

練習計画の
立て方

どうしても間に合わないときの捕球技術を身につける

まずはダウンボールでの捕球をねらい、それが間に合わないときはショートバウンドでの捕球をねらうのがセオリーだ。しかし、試合ではそれにも間に合わないときがある。そのときは、ハーフバウンドでの捕球が求められる。このときに重要なことは、通常のゴロの捕球と同じように、身体の前で捕球すること。肩のラインよりも前の位置にキャッチングポイントをつくることで、難しい打球の処理になってもミスの確率を減らすことができる。あらゆる事態を想定して練習することが大切だ。

! ポイント 腕の曲げで対応できる

Menu007で練習した「キャッチングポイント」が正確にできていれば、
肩の線までの間の打球は、腕の曲げで対応することができる。

OK 肩より前で捕球

NG 肩より後ろに入る

自然な構えを身につける

ねらい

≫主にねらう能力

技術
パワー
チームワーク
スピード
判断

Menu 012 プレステップを踏む

難易度 ★★★

やり方

投手の投球モーションに合わせて軽く動いておきながら、
打者が打った瞬間に「プレステップ」を踏む

移動と回転

キャッチボール

内野手・外野手の
守備の基本

打撃の基本

バント

走塁

実戦守備

投球

練習計画の
立て方

なぜ必要？

スムーズな動作につなげる

打球のリズムは、打者が投球にバットを当てた瞬間からはじまる。このリズムに動作を合わせることが大切。投手の投球モーションに合わせて腰を落とし、低く構えてしまうと、どうしても身体が硬くなってしまい、打球に対する反応も遅くなることがある。テニスでサーブレシーブを受けるときと同じように、内野守備でも「プレステップ」を踏むことで、スムーズに次の動作へとつなげるようにしよう。

ワンポイントアドバイス

≫ 特に三塁手は 「両足に乗れ」

軟式の場合、三塁手はセーフティーバントと高く弾む打球を特に意識する必要がある。したがって、低く構えるのではなく、プレステップを踏んだ瞬間に両足に均等に体重を乗せることが重要となる。打者のスイング軌道をもとに、ある程度打球の性質を予測しながら、肩の力を抜いて、プレステップを踏もう。

内野手の基本

▶ 打球の追い方を身につける

<small>ねらい</small>

Menu **013** 「正対」を意識して「正面」に入る

≫ 主にねらう能力

技術 / チームワーク / 判断 / スピード / パワー

難易度 ★★★

やり方

グラウンダーの打球が来ることを想定して、もしくは実際にノックを受けるなかで、左右に飛んでくる打球の追い方を確認する

移動と回転

キャッチボール

内野手・外野手の
守備の基本

打撃の基本

バント

走塁

実戦守備

投球

練習計画の
立て方

 ポイント①

グラブの重さを
感じながら動く

向かってくる打球に対して身体の正面に入れる距離感であるのなら、ボールに対して「正対」した状態で動いていくことが基本的なボールの捕り方。自然な構えから、Menu008で練習した通り、動くときは常にヒザよりも下の位置にグラブがあり、そのグラブの重さを感じながらボールに向かい、打球の正面に入るようにしよう。

ポイント②

「応用」の動きも
マスターする

試合においては、正面に入れない速い打球、遠い打球が飛んでくる。その場合は「正対」ではなく身体を横向きにしてボールを追いかけなくてはならない。リズムを合わせるためにバックハンドで捕球するケースや、あえて正面ではなく打球の右側に入るケースもある。これらは「応用」の動きとしてノックで身につけていこう。

飛球のつかみ方を覚える
^{ねらい}

Menu 014 グラブの使い方

やり方

正しいグラブの使い方を覚えるため、まずはグラブをつけずに手をパーに広げた状態から親指と小指を閉じる。
感覚をつかんだらグラブをつけ、素手のときと同じように開閉する

[素手で開閉]

[グラブを着けて開閉]

? なぜ必要?

ボールを「つかむ」感覚を
着実に身につける

普段、手で何かを「つかむ」ときというのは、手のひら全体を使って包み込むように持つことが多い。しかし野球の、とくに飛球を「つかむ」動作については、上からくるボールに対してポケットをつくりながら、パチンとはさみ込むようにつかむ必要がある。初心者がこれを理解しないままいきなりグラブをつけて練習をすると、正しいグラブの使い方が身につかないので、まずは素手で手の使い方を覚えてからグラブをつけるようにしよう。

⚠ ポイント

近くからボールを投げてもらいキャッチしてみよう

✖ ここに注意!

上からはさみ込むようにつかむのはNG

飛球をグラブの「土手」に当ててボールを落としたり、ボールがくる前にグラブを閉じてボールを落としたりする場合は、手のひら、とくに人差し指から小指を閉じるようにしてボールをつかみにいっていることが多い。写真の通り、上から下に向けてグラブを閉じているので、当然、ボールは落下しやすい。親指と小指を閉じるようにボールをつかもう。

▲グラブを上から下に閉じると、土手にも当たりやすく落球のリスクが高い

▲素手でやってみるとわかりやすい。P48の写真と比べてどちらか安定してボールをつかめているかは歴然だ

飛球を追いながら捕る感覚をつかむ

ねらい

Menu 015 アメリカンノック式の飛球処理練習

≫主にねらう能力

技術
パワー　チームワーク
スピード　判断

難易度 ★★★★

やり方

1 約30m離れたところからトッサーに向かって走り、投げてもらったボールをヒザ下でポケットキャッチする

2 スタート位置のコーンに向かって走り、投げてもらったボールを背走しながらキャッチする

3 左側のコーンに向かって走り、ランニングキャッチをする

4 右側のコーンに向かって走り、ランニングキャッチする

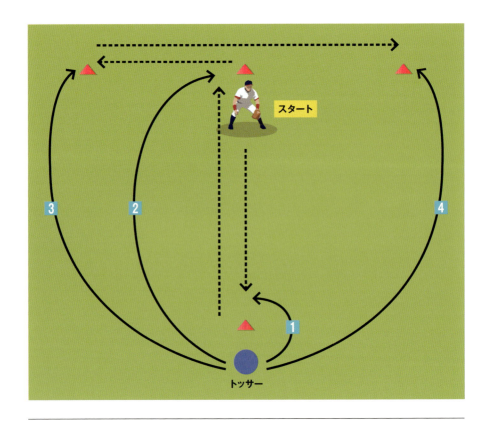

スタート

3　2　4

1

トッサー

移動と回転

キャッチボール

内野手・外野手の守備の基本

打撃の基本

バント

走塁

実戦守備

投球

練習計画の立て方

ポイント

まずは素手で練習する

ボールの追い方に慣れないうちは、そちらに意識をしっかり向けるためにもまずはグラブをつけずに行う。素手でのキャッチング練習は正確なキャッチング技術向上にもオススメ。はじめは、皮手袋を使用して行うのも良い。応用練習として、試合中のトラブルを想定し、「目線を切る」「体勢を崩す」状態から行うのも効果的。

ワンポイントアドバイス

≫ 方向転換をするときの回転方向に注意

1本目のボールをパートナーに返したら、目標地点に向けて背走する。その際、しっかりと首を振りながら適宜ボールの落下地点を見極めながら走る。ボールから目を切る練習にもなる。

また、走る方向を換えるときには、ボールに対して背中を向けて回転すると目を切る時間が長くなってしまうので、ボールの方向から回転するようにする。

ミスなく確実に外野への ボールを捕る

ねらい

≫主にねらう能力

技術
パワー　　　　チームワーク
スピード　　　判断

難易度 ★★

▶ やり方 ◀

2人1組となり、10mほど離れたところからパートナーにボールを投げてもらい、 捕って内野へ返球する

ポイント

外野手も「ダウンボール」が基本

軟式野球の場合、外野への打球でも高いバウンドとなることは多い。そのため、内野手同様に「ダウンボール」で捕ることが基本とする。外野手が「トップボール」（バウンドの頂点）での捕球をねらった場合、たとえばイレギュラーがあって、後ろにそらしてしまうとランニングホームランになってしまう。イレギュラーバウンドが多い軟式だからこそ、外野手はとにかく捕球が遅れてもいいからダウンボールで確実に捕球する。ただし、トップでねらったほうが送球に移行しやすいのは事実。トップでの捕球をねらっていいのは、頭を超えてしまう可能性が低い、自分の目線よりも低い打球のときだけにしたい。目線よりも高い打球であればダウンボールで確実に捕球しよう。

❌ **ここに注意！**

グラブを蹴らないように

（右投げの場合）右足が前に出しているときに捕球するのが基本。左足（グラブ側の足）が前に出たところで捕球しようとすると、グラブを蹴ってしまいボールを弾いてしまう可能性があるのでNG。

👆 **ワンポイントアドバイス**

≫ とにかく何が何でも後ろにそらさないことが重要

グラウンダーの打球も絶対に後ろにそらしてはならない。ダウンボールで捕りにいったとき、バウンドが合わなければ両ヒザを落として何が何でも止めることが大切。ねらい通りのタイミングで捕球できそうなときは、片ヒザだけついて捕球すれば、送球動作に向けて立ち上がる姿勢が取りやすい。外野手であっても、内野手と一緒にゴロを捕球する練習をすることをオススメする。

送球に備えた回り込みで捕球する

(ねらい)

Menu 017 外野手の捕球②

やり方

2人1組となり、20mほど離れたところからパートナーに、
ライン際への打球を想定してボールを投げてもらい、回り込んで捕って内野へ返球する

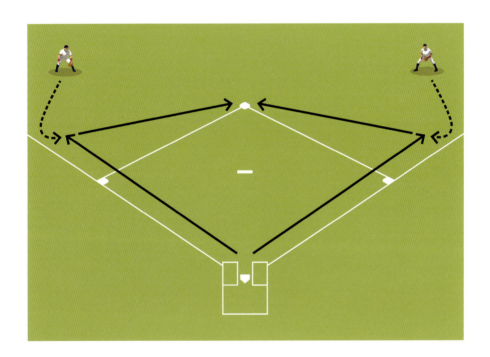

！ ポイント　回り込んで捕球する

落下点よりも2、3歩下がって、前に出ながら捕れる位置で飛球を待つ。投げる方向に向かって真っすぐ動ける位置でボールを捕ること。たとえば、レフトライン際のボール（二塁打性の当たり）だったら、回り込んで二塁に投げる必要があり、ボールよりも

右側に回り込まなきゃいけない。足を踏み出した方向が目標（二塁ベース）であることが重要。野球は「捕って終わり」ではない。投げるところまで考える。

移動と回転

キャッチボール

内野手・外野手の守備の基本

打撃の基本

バント

走塁

実戦守備

投球

練習計画の立て方

🖐 ワンポイントアドバイス

» キャッチボールでの ステップを思い出す

ここでも「事故」が起きないようにダウンボールでの捕球をねらうのが第一。捕球と同時に（右投げの場合は）必ず左足を踏み込んで、右足→左足とステップをつなげて送球する。

❌ ここに注意！

打球に対して直線的に入らない

最もやってはいけないプレーは、打球に対して直線的に入ってトップボールでの捕球をねらうこと。飛球はダイレクトキャッチが大前提だが、ダイレクトキャッチが無理と判断したら、瞬時に回り込みの動作に移行する。その後のステップは送球のためのステップだという意識づけも重要だ。

55

外野手の基本

ねらい
ギリギリの打球を捕る技術を身につける

Menu **018** スライディングキャッチ

≫主にねらう能力

（レーダーチャート：技術、チームワーク、判断、スピード、パワー）

難易度 ★★★

▶ やり方 ◀

2人1組となり、5mほど離れたところからパートナーに、ボールを投げてもらい、
軽く走ってスライディングしながら素手で捕る

移動と回転

キャッチボール

内野手・外野手の
守備の基本

打撃の基本

バント

走塁

実戦守備

投球

練習計画の
立て方

なぜ必要?

リスクはあるがぜひ身につけておいてほしい技術

試合中、どうしてもギリギリの捕球をしなくてはいけない場面は必ずある。基本的には確実な捕球をすることが第一ではあるため使うシーンは決して多くはないが、試合中のそのようなシーンでも対応できるように、スライディングキャッチのドリルをしておき、動きを身体の中に入れておくことが大切。大会など結果が求められる試合では、選手が執着心を持ったプレーをするときに、スラ

イディングするだろう。
腰から下の飛球に対してポケットキャッチを試みると、ボールに向かっているときに目線が上下にぶれてしまい、目線を安定させるのが難しい。そのリスクを避け、目線を安定させるためにはスライディングキャッチは有効だ。なお、ケガのリスクもあるため頭からダイブするような練習はやらない。

！ ポイント

まずは素手で行う

身体の使い方が重要になるので、そちらに意識を向けるためにもまずは素手で行う。スライディングキャッチをしなくてはならない場面ではそこまでグラブさばきが難しくなく、落下地点へギリギリ滑り込んで間に合わせることのほうが大切だ。せっかく落下地点まで入れたのに、グラブの土手に当ててファンブルしてしまうミスを防ぐのにも効果的。

57

column 2　遊びのなかでさまざまな打球への対応を覚える

　軟式球はボールが弾みやすいこともあり、硬式球に比べるとイレギュラーバウンドが起きやすいと言えます。どうやったらそういう打球に対して問題なく対応できるのか、選手や指導者としては気になるところであると思います。

　最も大切なのは、基本を徹底すること。この章で紹介したような基本姿勢をつくるところからはじめて、さまざまなバウンドの打球の捕球方法を一つずつ確認していく。そして試合のなかで実際に相手の打ったボールを受ける

なかで、経験値を増やしていく。これが基本路線です。

　その一方で、いわゆる“遊び”のなかでさまざまな打球を投げたり弾ませたりして捕るのも実は良い練習となります。回転をかけたボールを投げたり、高く弾ませたり、良い意味で適当に投げたボールだからこそ、実際の試合では起こりにくい打球を経験することもできたりします。「遊び感覚」だからこそ、自分のプレーの幅を広げるきっかけになるのです。

第3章

打撃の基本

この章では、打撃の基礎的な部分から紹介する。
硬式、軟式かかわらず、しっかりとボールをとらえて
力強い打球を飛ばすことが最も大切。
そのためには、適切にバットを出し、適切にバットを回旋させ、
適切に力を伝えることが必要だ。

バットの重さを感じて「バットが走る」イメージを持つ

ねらい

Menu 019 ゴルフ流のスイング練習

≫主にねらう能力

技術
パワー — チームワーク
スピード — 判断

難易度 ★★☆☆☆

やり方

1. 自分の足もとにあるボールを打つつもりで、ゴルフのクラブスイングのようにバットを振る
2. 左足の前にボールを置き、実際に打つ
3. コロコロと転がしてもらったボールを実際に打つ

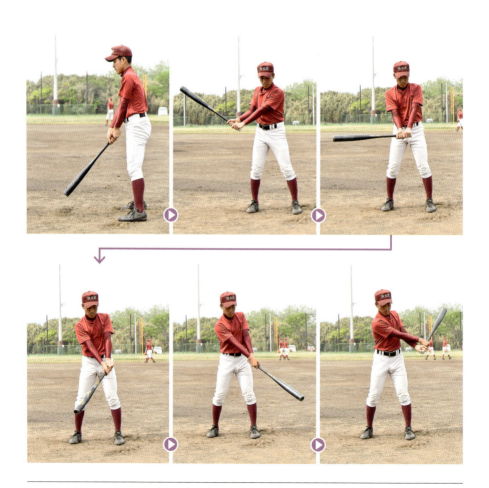

なぜ必要?

バットの重さと回旋の感覚を知る

ボールを遠くに飛ばすためには、バットが回旋する力を使うことが重要になる。そのためには、①バットの重さを感じること。そして、②バットはグリップを中心に回っていくものであると感じること。この2つの感覚を養うことが求められる。そこで、まずはゴルフのスイングをイメージしながらバットを振ってみよう。実際に地面に転がっているボールを打つのも効果的だ。このスイングによって、バットの重さを感じるようになるはずだ。その感覚こそが「バットが走る」状態。バットがよく走ることで回旋する力もアップし、ボールは遠くまで飛ばすことが可能になる。

ワンポイントアドバイス

≫ バットの握り方は各自のスタイルで

バットを持とうとしたとき、どのように握ればいいのか、迷ってしまうケースがあるかもしれない。大きく分けて2つの握り方がある。まずは、①指の第二関節あたりを中心に握っていく「フィンガーグリップ」。そして、②手のひらを中心に握っていく「パワーグリップ」。別名「パームグリップ」とも言う。以上の2種類だが、フィンガーとパワーの中間付近を第3の握り方と考えることもできる。

パワーグリップはその名の通り、パワーがボールに伝わりやすくなる。一方、フィンガーグリップは手首やヒジを柔らかく使うことができる握り方だ。どちらの握り方が正しい、とは言えず、「こうしなさい」という指導はしていない。選手それぞれの打撃スタイルがあるので、そのスタイルに合う握り方をしてほしい。

▲フィンガーグリップ

▲パワーグリップ

「バットの角度」に注意して基本の構えをつくる

ねらい

Menu 020 構え＆動き出し

≫主にねらう能力

```
        技術
パワー  ／＼  チームワーク
スピード      判断
```

難易度 ★★★☆☆

やり方

自然にバットを振れる位置を意識して構えをつくる

！ ポイント

- ● 構えについては選手それぞれに任せる
- ● 前足が着地した瞬間の「バット角度」に注意
- ● バットが背中側に寝ていればOK！
- ● バットヘッドがグリップよりも高い位置にあること

▲構えの段階では、バットが顔の前に来ていてもいい

▲前足が地面に着いた時点でバットのヘッドが背中側に寝ていることが重要。その位置からバットの重さを利用しながらインパクトへと向かっていく

移動と回転

キャッチボール

内野手・外野手の守備の基本

打撃の基本

バント

走塁

実戦守備

投球

練習計画の立て方

≫ バットの力が正しく伝われば構え方は選手の自由

打席での構え方については、基本的に何も言わないようにしており、選手それぞれに任せている。ただし、投手側の足（前足）が地面に着いた瞬間、必ずバットが自分の背中側に寝ている

こと。この点だけは必ず指導する。この位置からバットを振り出すことによって、力がロスすることなくその後のバットの回旋運動につなげることができるからだ。

✖ ここに注意!

「ヘッドが下がる」とは?

前足が地面に着いた瞬間、背中側にあるバットのヘッドが、グリップ（手首）よりも下がってしまう選手をしばしば目にする。これが「ヘッドが下がっている」状態だ。この形からスイングをしても「バットが走る」状態にはならず、バットの重さをインパクトの瞬間に伝えることができない。

一方、ヘッドがグリップよりもしっかり上がっていれば、たとえ外角低めの球を打ちにいったとしても、バットの重さをインパクトの瞬間に伝えることが可能になる。その瞬間にはグリップよりもヘッドが下にあることになるが、これを「ヘッドが下がった」とは言わない。

▲ヘッドは下がっていない

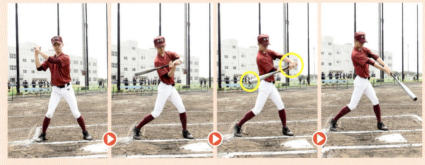

▲ヘッドが下がっている

「移動」のための形をつくる

ねらい

Menu 021　軸足の股関節に体重を乗せる

難易度 ★★★★★

やり方

投手側の足 (前足) を上げて、タイミングを取ってみる。
その時、捕手側の足 (軸足) の股関節に自分の体重が乗っていることを意識する

？　なぜ必要？

軸足に体重が乗っている感覚をつかむ

打撃もピッチングと同様に、移動と回転によって成り立っているのは序章で説明した通り。投手に向かって重心の位置が「移動」していくのだ。その動きを、前足が地面に着いた瞬間に肩の「回転」に結びつけることで、力強い打撃が可能になる。

そのうえで大事なポイントは、前足を上げた時点で、軸足の股関節に体重がしっかりと乗っていること。まずはその点をしっかりと確認しよう。ここでうまくできないと、強い打球を放つことは難しくなってくる。

移動と回転

キャッチボール

内野手・外野手の
守備の基本

打撃の基本

バント

走塁

実戦守備

投球

練習計画の
立て方

！ ポイント

体重を乗せる場所はココ！

足のつけ根あたりを意識して体重を乗せてみよう。
「シワ」をつくって、左足に体重が移るまで維持
することが重要。「移動」スピードをコントロー
ルするためのポイントなので、確実にマスターし
たい。

👆 ワンポイントアドバイス

≫ 腕を引っ張ってもらって体重が乗っている感覚をつかめ！

前足を上げた状態で練習パート
ナーに腕を引っ張ってもらい、
体勢が崩れないように踏ん張る
ことで、軸足の股関節に体重が
乗っている感覚がつかめる。簡
単に体勢が崩れてしまったら、
何度でもチャレンジ！
足裏感覚（親指とその付け根、
カカトの内側を結んだライン：
インエッジ）とヒザ頭の向きを
崩さないことがポイント。

次ページでさらに細かくチェック！

バッターボックスに対して、軸足のつま先が開かないようにする

軸足のヒザが外側に開かないようにする

つま先が開いていると、前足を上げた時点でつま先の方向に体重が逃げてしまう。したがって、体重を逃がさないように、バッターボックスのラインに対して平行になるようつま先の角度に注意しよう。同様の理由で、軸足のヒザも外側に向かないよう注意。

乗せる体重の割合は、軸足7で前足が3

軸足に体重を乗せると言っても、全体重を乗せるわけではない。軸足と前足の割合は「7対3」を意識しよう。この割合を保ったまま、投手方向に「移動」していく。

「移動距離」は頭ひとつ分

「頭は動かすな」という考え方があるが、それでは「移動」ができない。大事なことは、軸足に乗った体重をしっかりとコントロールしたまま、投手に動かされるのではなく、自ら動いていくという意識だ。このときの移動距離は、頭ひとつ分を意識しよう。

移動と回転

キャッチボール

内野手・外野手の守備の基本

打撃の基本

バント

走塁

実戦守備

投球

練習計画の立て方

ワンポイントアドバイス

≫ 前足を下ろすまでに、打つかどうか決める!

投手が投げた球を打つかどうか。上げた前足を地面に着ける瞬間までに、その判断をするようにしよう。打つと決めたら、トンと足を着いた瞬間には身体の回転をはじめることで、力が連動して強いヘッドスピードが生まれる。

✕ ここに注意!

「スウェー」すると手打ちになる

移動スピードと移動距離がコントロールできないと、ボールがポイントに来る前に体重が前足にかかってしまい、いわゆる「手打ち」の形になる。この体勢のことを「スウェー」と言う。手打ちでは力強い打球が期待できない。

スウェーが著しい選手に対しては「移動しながら頭を残す」という表現も使って指導すると良いだろう。へその位置は投手に向かって動く一方で、頭の位置は動かさず、その場に「残す」ことをイメージする。そうすることで、股関節に体重が乗る感覚もつかめるはずだ。

打撃の形を身体に染み込ませる

ねらい

Menu 022 基本的な素振り

≫主にねらう能力

技術 / パワー / チームワーク / スピード / 判断

難易度 ★★

やり方

「移動と回転」を意識して素振りを行う

移動と回転

キャッチボール

内野手・外野手の守備の基本

打撃の基本

バント

走塁

実戦守備

投球

練習計画の立て方

❓ なぜ必要？

打撃の形をつくるためには とにかくバットを振る

とくに初心者は、自分の形ができる前にいきなりボールを打とうとすると、どんどん崩れていってしまうことがある。まずは素振りをしっかりと行って形をつくり、そこからミート力を高めたり、各コースへの打ち分けたりと技術力を高めていこう。

⚠️ ポイント

「移動と回転」を 常に忘れずに意識する

ここまで「移動と回転」について説明してきた。これは打撃（及び投球）のすべての基礎になるので、素振りをするときも忘れないこと。逆に言えば、素振りの段階でそれをうまく実践できないとなると、良い打撃の形をつくるのは難しくなる。

素振り

それぞれの手の使い方を意識する

ねらい

Menu 023 両手を離して素振り

» 主にねらう能力

技術
パワー　　チームワーク
スピード　　判断

難易度 ★★☆☆☆

▶ やり方

両手を少し離した状態でバットを持ち、素振りをする

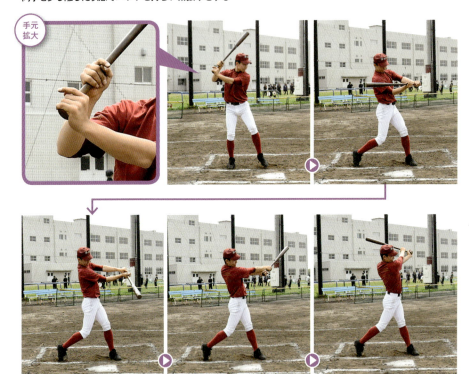

手元拡大

? **なぜ必要?** それぞれの手の使い方を明確にする

バットを持つ両手は、右打者の場合、左手は引っ張り、始動のときヒジを畳んで身体にくっつける。右手は押し込み、ボールのインパクトの後はヘッドを返すという役割がある。両手を離すことでそ

れぞれの動き方をより実感しやすいようになる。また、ティーバッティングへの応用も可能だが、正確にできないと故障の恐れもあるので、ゆっくりとバットを振ることからはじめよう。

素振り

ワキを締める感覚を身につける

（ねらい）

Menu 024　クロスハンドの素振り

》主にねらう能力

技術／パワー／チームワーク／スピード／判断

難易度 ★★★★☆

やり方

両手を入れ替えてバットを持ち、素振りをする

手元拡大

？ なぜ必要？　ワキの開きを防止する

左腕のワキが開いてしまうと、バットをロスなく回すことはできない。よく「ワキを締めろ」とだけ伝えて指導しても窮屈な動きになってしまい修正するのが難しいが、両手をクロスさせることで、ワキを締めつつ、自然な動きの感覚をつかむことができる。通常グリップでのスイングと同じイメージで振れるようになればベスト。

素振り

コースの打ち分けを意識して
フォームをつくる

ねらい

Menu 025 コース別の素振り

≫主にねらう能力

技術
パワー　　　チームワーク
スピード　　　判断

難易度 ★★★☆☆

やり方

インハイ、インロー、アウトハイ、アウトローなどそれぞれの投球コースを意識しながら、素振りを行う

[アウトハイ]

[アウトロー]

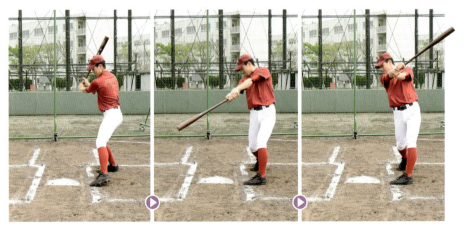

ポイント

ヘッドが回り切ったところでインパクトするイメージで

強い打球を放つためには、ヘッドの重みを利用してバットが回旋したところでボールにインパクトしたい。それはどのコースでも同じ。（右打者の場合）左手でボールとの距離を調整し、右手でヘッドを返してバットを振りきる。このイメージをしっかりと持って、各コースへの素振りを行ってみよう。

また、実際の打撃において打球方向を意識しすぎると、バットのヘッドスピードが落ちてしまうことにつながる。打球方向から感覚的にポイントを覚えるようにしたい。たとえば、右打ちの練習で左方向に打球が飛んだら、「ボール2つぶん引きつけよう」というイメージを持つくらいが良い。

[インハイ]

[インロー]

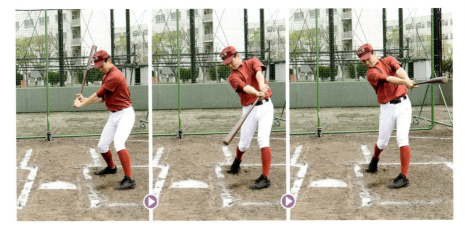

移動と回転

キャッチボール

内野手・外野手の守備の基本

打撃の基本

バント

走塁

実戦守備

投球

練習計画の立て方

ボールへ確実に力を伝えるための打撃の形をつくる

ねらい

Menu 026 基本のティー打撃

≫主にねらう能力

技術
パワー　チームワーク
スピード　判断

難易度 ★★ ☆ ☆ ☆

やり方

1. パートナーにボールを投げてもらい、ネットに対して打つ
2. ソフトボール、サンドボール、軟式球だけを使用して行う
3. ソフトボール→サンドボール→軟式球の順に行う

 ポイント

パートナーの投げ方を使い分ける

パートナーのボールの投げ方は、①手首を使わずに肩関節を「振り子」のように、握ったボールを離すように投げる、②低いリリースポイントから手首を使って投げる、の2種類ある。①は山なりの柔らかなボールになり、②は直線的な強いボールになる。型づくりの初歩では①のボールが有効だが、実戦を意識した段階では②が必要になってくる。

移動と回転

キャッチボール

内野手・外野手の守備の基本

打撃の基本

バント

走塁

実戦守備

投球

練習計画の立て方

インパクトしてからボールがバットから離れていくまでの感覚をつかむ

普通の軟式球だけではなく、ソフトボールとサンドボールを使うことがより効果的な練習となる。軟式球はインパクトの瞬間のバットに当たった感触が薄いが、まずは軟式球より重いソフトボールを使うと、ボールの重さがバットに当たって抜けていく感覚を得ることができる。

さらに重いサンドボールを使えば、バットでボールを押す感覚を身につけることができる。インパクトの瞬間からしっかりとボールに力を伝えることができないと、サンドボールではいい当たりを打つことはできない。軟式でのティー打撃は打ち損じてもいい当たりが出てしまうこともあるので、このように2種類のボールを使い分けて練習することで、確実に、真っすぐボールを飛ばせるようにしていこう。ソフトボール、サンドボール、そして軟式球の順に行うのが良い。

◀左から、ソフトボール、サンドボール、軟式球。目的に応じて使い分けよう

目的に応じて
ヒットポイントを変える

基本として、まずストレート（速球）に対するティーの形をつくりたい。投げてもらったボールが頂点の位置に来たところでとらえることが重要となる。

やや山なりのボールを投げてもらい、頂点から落ちてきたところを打つティーだと、変化球の練習には効果的だが、まずは頂点をねらってほしい。それが打撃の「形づくり」につながる。極端に言えば「ボールが手を離れた瞬間に振りにいく」感じでも良い。頂点で叩くほうがタイミングを取りやすい。落ちてくるボールに対してタイミングを取るほうが難しいが、変化球打ちとして、山なりから落ちたところや、曲がりっぱなを叩くようにする。目的に応じたティー打撃を行おう。

▲ボールが落ちてきたところを打つティー打撃

打撃のクセを修正する
ねらい

Menu 027 トスの位置を変えた
ティー打撃

≫主にねらう能力

（レーダーチャート：技術、チームワーク、判断、スピード、パワー）

難易度 ★★★☆☆

やり方

パートナーの位置を、変えながらティー打撃を行う

[斜め後ろ反対から]

! ポイント

捕手側の目で
ボールを追いながら
前のポイントで打つ

トスされたボールを目で追い、ヒットすることで、ミートポイントを線でとらえるイメージがつかみやすい。

[斜め後ろ手前から]

! ポイント

構えを崩さずに
パートナーとボールを
見ながらタメをつくる

スウェーの防止に効果的。パートナーははじめは山なりのトスから、徐々に直線的なトスに切りかえるようにする。

移動と回転

キャッチボール

内野手・外野手の守備の基本

打撃の基本

バント

走塁

実戦守備

投球

練習計画の立て方

❓ なぜ必要?

必要に応じてクセを修正するために取り入れる

これらの投げ手の位置を変えながら行うティー打撃は「必ずやりなさい」とは言わないが、こういうティーがあって、それぞれには目的があるという話をするようにしている。たとえば、「スウェー」のように身体が流れてしまうなど良くないクセが

ついてしまったときなどは、ティー打撃でまず修正するようにしてほしい。投げ手の場所を変えること以外にも、たとえば変化球対策として、ワンバウンドさせたボールをキャッチャー方向に下がりながら打つティー打撃などもある。

[真後ろから]

⚠ ポイント

十分にタメをつくりミートポイントでとらえる慣れたら「ノールック」で

はじめはパートナーに顔を向けてボールを見るようにし、慣れてきたら捕手側の目はパートナーをまったく見ずに「合図」の声をたよりにタメをつくり、視界に入った瞬間に打つようにする。

[斜め前の手前から]

⚠ ポイント

バットヘッドを遅らせてターゲットに打ち出す

センターからライト方向へ強い打球を打つには、バッドヘッドを遅らせる必要がある。はじめは外側のトス、仕上げは内側のトスを打つようにする。

ボールが来るまでの「間」をつくる

ねらい

Menu 028 ストレートティー（ショート）

» 主にねらう能力

技術
パワー　チームワーク
スピード　判断

難易度 ★★ ☆ ☆ ☆

▶ やり方

パートナーと 9m ほどの距離を取り、ヒザ立ちの体勢からボールを投げてもらい、打つ

⚠️ ▶ **ポイント**

まずはヒザ立ちから

いきなり通常の投球モーションで行うと、タイミングを取るのが難しい。
まずは動きの少ないヒザ立ちからはじめて段階的につくっていく。

移動と回転

キャッチボール

内野手・外野手の
守備の基本

打撃の基本

バント

走塁

実戦守備

投球

練習計画の
立て方

投手のモーションに合わせつつ、ボールが来るまでの間をつくる

通常のティー打撃によってインパクトの形をつくることができたら、次の段階として正面からのボールに対するスイングを身につける。

まずは、9mほどの近い距離からはじめる。ストレートティーの目的は、投手のモーションに合わせる&ボールが自分のところに来るまでの「間（ま）」をつくること。とくに野球未経験者は、9メートル程度の距離でも最初はボールが来るのを待ち切れず、なかなかバットにボールが当たらない。ティー打撃から入って、ちょっと距離をあけて間をつくる感覚をつかみ、その間を合わせることをこの距離でやっていく。

▲まずはショート（約9m）からはじめてみよう

≫ 練習では数力所同時に

写真では1ヶ所のショートで行っているが、練習効率を上げるためにも、2ヶ所、3ヶ所で同時に行うようにしよう。また、次のページで紹介するハーフ、フルと並べて段階的に練習を行っていくのも良い。練習時間やスペースが限られている場合も多いので、なるべく多くの選手が同時に練習を行えるように工夫することが大切だ。

実戦に近づけて打撃の形をつくる

ねらい

Menu 029 ストレートティー（ハーフ＆フル）

≫主にねらう能力

技術
パワー
チームワーク
スピード
判断

難易度 ★★★☆☆

やり方

1. パートナーと14mほどの距離を取り、通常の投球フォームからボールを投げてもらい、打つ
2. 慣れてきたら、通常のマウンドからの距離（18.44m）から行う

▲これはハーフ（約14m）の距離

⚠ ポイント

半速球が基本

打撃の形をつくるのが目的なので、投手は半速球で投げる。遅くて山なりのボールなどではタイミングが取りづらく、形が崩れてしまいがち。パートナーも練習の目的をしっかりと理解したうえで行おう。

👆 ワンポイントアドバイス

≫ マシンも取り入れる

試合期などは効率性も踏まえて、ハーフで確認、フル（投手）で間合いを合わせ、フル（マシン）で変化球対応の3ヶ所を循環しながら段階的に形をつくっていくようにしている。

移動と回転

キャッチボール

内野手・外野手の
守備の基本

打撃の基本

バント

走塁

実戦守備

投球

練習計画の
立て方

ティー打撃

ヘッドコントロールを身につける

ねらい

Menu 030 ロングティー

≫主にねらう能力

技術 ― パワー ― チームワーク ― スピード ― 判断

難易度 ★★★

やり方

パートナーにトスを上げてもらい、外野に設置した目標に向けて打つ

ワンポイントアドバイス ≫ **ボールとのコンタクトを意識する**

ロングティーでは打球の飛距離とともに、打球の種類によるボールとのコンタクトを考えたい。右に曲がる、左に曲がる、上に上がる、急激に下に沈むなどによって、ボールとバットがどう衝突して、どう離れたのかを考えながら打つことが、スイングづくりに有効だ。

？ なぜ必要？ **パワーを使って技術も磨く**

この練習は冬場に行うことが多く、ゲーム感覚でモチベーションを上げる目的で取り入れることもある。やや重いバットを使って、全身のパワーを使ってボールを打つこと。それと並行して、バットを振っていくなかで、目標の方向に向かって打つヘッドコントロールを身につける。目標物は近くでもいい。その上を越えていくことで距離を出せるからだ。

ランナー三塁で ゴロを打ちたい! 上から叩けばいい?

0対0で迎えた試合終盤。1死三塁のチャンスをつかんだとします。なんとかゴロを打って、ランナーをホームに迎え入れたいケース。

「ボールを上から叩いていけ」と声を掛けても、なかなかゴロになりません。叩きにいってミートポイントが前すぎると、ボールの手前を切るようにバットが入ってしまい、打球はフライになりがち。ゴロは打てたとしても、内野手正面への強い打球だと、ホームでアウトになる可能性も高くなります。どうすれば得点に結びつくゴロが打てるか?

私たちのチームでは、次のような方法でゴロを打ちにいきます。

①軟式用バットを使う。通常、選手たちは硬式用の重いバットで試合に臨んでいますが、軟式用の軽いバットに替えることで、両手が速くターンします。ポイントはボールを引きつけること。引きつけて、こねることで、ゴロの可能性が高まります。

②右手と左手を離してバットを振る。Menu024で紹介した打ち方で、右手と左手が「ケンカ」しやすく、両手がターンすることでゴロの可能性が高まります。

③ボールの上部をねらう。これも当然アリだと思います。

以上、3つの方法を紹介しましたが、指導者として大事なことは、いくつか「引き出し」を与えるなかで、好結果が出なかった場合に、どういう意識で打席に立ったのかを都度、選手に確認すること。そして、「こうしたほうがいいよね」とアドバイスをすること。このコミュニケーションが次回の成功、すなわち得点につながると思います。

第4章

バント

1点を奪うために必要になるのがバントだ。
いつサインを出しても確実に成功できるよう、
ルーティンからしっかりと身につけてほしい。

基本的なバントの構えを身につける

ねらい

Menu 031 バントのルーティン

≫主にねらう能力

技術／パワー／チームワーク／スピード／判断

難易度 ★★ ☆ ☆ ☆

やり方

1. 自然な構えをつくる
2. 高めの上限にバットを合わせる
3. 手をずらしてスタンスを調整する
4. 目線を合わせる

ポイント

高めの上限を設定して確実に見逃す

バントの失敗は、高めのボール球で起こることが多く、力のある高めへの投球は小フライになりやすい。

高めの上限にバットを構えることで、それより上の投球は見逃す意識を持つことが大切。

移動と回転

キャッチボール

内野手・外野手の守備の基本

打撃の基本

バント

走塁

実戦守備

投球

練習計画の立て方

なぜ必要?

確実に成功したいからこそ丁寧に

バントの指示が出る場面というのは、確実に成功させて試合を優位に進めたい場面がほとんどだ。当然、セーフティバントやバスターなど相手の意表を突いたプレーをねらうこともあるが、まずは確実に成功させることが最優先。そのためには、打席に入ったらこのルーティンを一つずつ着実に行って、バントの成功率を高めるようにしたい。

ワンポイントアドバイス

≫ スタンスはできればクローズド

スタンスに関しては各選手のやりやすいほうで構わないが、できれば、右打者の場合は左足を前に出すクローズドスタンスを基本としたい。なぜなら、アウトコースへのボールにも届きやすいからだ。相手投手はバントをさせないためにコースに投げ分けてくることもあるので、できるだけ広く対応できるようにしたほうが良いだろう。

! ポイント

軸足はしっかり固定する

左足がずれてバッターボックスから出てしまい反則打球が取られないよう、なるべく動かさないように固定する意識を持っておこう。

バントすべき打球を見極める

Menu 032 上限・下限の確認

やり方

バントをする範囲の上限、下限の高さを確認する

[上限]

▲最初に目線を合わせた位置が上限

[下限]

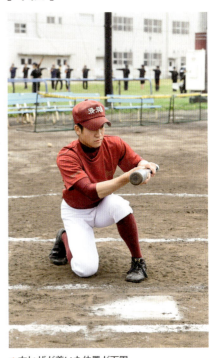

▲右ヒザが着いた位置が下限

! ポイント

高さはヒザで調節する

上限を合わせ、投球に合わせて高さを調節し、上限・下限を超えるボールに対してはバットを引く。高さを調節する際、手でバットを操作して変えるのでは

なく、ヒザで行うこと。手は、ボールに対する角度を変えて打球方向を調節するときに使う。

バント

バントから打撃に移行する

ねらい

Menu 033 バスター

≫主にねらう能力

技術 / パワー / チームワーク / スピード / 判断

難易度 ★★★☆☆

やり方

バントの状態からバットを引き、バットを振る

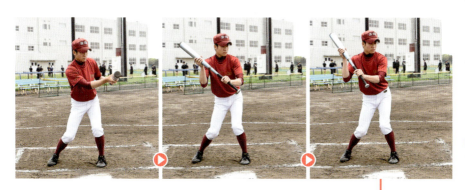

✕ ここに注意！

手だけでバットを引かない

バントの状態からバットを引きスイングに移行するが、バットを引く際は、腰を回転させて体重もしっかりと移動させる。上半身の型を崩さず、グリップは右耳ぐらいまでの位置にとどめよう。手だけでバットを引いてしまうと、ヒッティングでボールにパワーは伝わらない。

バント

出塁を意識した左打者の バントを覚える

ねらい

Menu 034 左打者のバント

≫主にねらう能力

技術
パワー / チームワーク
スピード / 判断

難易度 ★★★☆☆

やり方

右打者と同様にルーティンから形をつくる

[ルーティン]

》 左打者の場合は
　 オープンスタンス

右打者のときと同じく、スタンスについては選手のやりやすいほうで良い。ただ、右打者よりも一塁ベースに近い左打者は、より素早いスタートが切れるようにオープンスタンスで構えたほうが利点を生かすことができる。クローズドと比べるとアウトコースには届きにくくはなるが、左打者のメリットを最大限に生かしたほうが良いだろう。

》 下限は両ヒザが落ちたところ

オープンスタンスの場合はヒザが地面に着くことはないが、クローズドのときと同様、ヒザが最大限に落ちたところがバントをする高さの下限となる。これより低い位置への投球には、バットを引こう。

✖ ここに注意!

反則打球に気をつけよう

とくにオープンスタンスの場合、アウトコースのボールに対して触ろうとして左足がバッターボックスから出てしまいがち。左足はしっかりと固定し、反則打球とならないように注意すること。

ワンポイントアドバイス

移動と回転

キャッチボール

内野手・外野手の
守備の基本

打撃の基本

バント

走塁

実戦守備

投球

練習計画の
立て方

出塁をねらったバントを身につける

Menu 035 左打者のセーフティバント

やり方

自然な構えから、投球に合わせてセーフティバントを行う

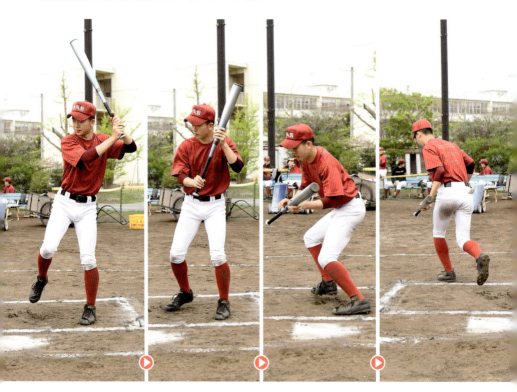

❗ ポイント

送りバントの基本姿勢がベース

バットにボールが当たった瞬間から右足は走動作に移るが、あくまでバント姿勢は送りバントの基本姿勢がベース。走動作を意識しすぎると、目とバットが離れてしまい、成功率の低いバントになってしまう。軟式球の特性上、フライになることが多く、積極的な試みが相手を楽にしてしまう恐れもあるので要注意。

⚠ ポイント

基本はサード方向、バットの角度を変えてファースト方向にも

出塁をねらったバントのため、サード方向へ転がすのがオーソドックスなパターン。ただし、投球がインコースに来た場合はそれが難しいこともあるので、コースによってはファースト方向に転がすことも意識する。そのときは、身体の向きで打球方向を変えるのではなく、あくまでルーティーンでつくった体勢を意識しながら、左手でバットの角度を操作して打球方向を定めること。

❓ なぜ必要?

バスターエンドランで相手のミスを誘う

走り打ちのイメージでバスターをねらう場合も、ショート方向に弱めに打球を転がしたり高いバウンドの打球を打つ、あるいはサード正面に強めに打つ。バントを警戒していたり、エンドランがかかったりしている状態であれば、相手のショート、サードは前に出てきており動きながらの守備となるため、よりミスが起きやすい状況となっている。これは右打者に比べると左打者のほうがやりやすい。

column 4　バントをしないために バントの練習をしてほしい

　打撃の楽しさは、気持ち良くバットを振り抜いて、遠くへボールを飛ばすところにあると思います。選手たちは当然、試合中でも基本的にはバントをしたくないでしょう。

　だから私は「バントをしないためにバントの精度を高めろ」と伝えています。それはどういうことか？

　たとえば無死、または一死一塁の場面。できればエンドランを仕掛けて一、三塁にチャンスを広げたい。最低でも進塁打、避けたいのは三振、最悪は三振ゲッツーです。

　この場面では、私は送りバントはあまりさせたくないので、ヒッティングのサインを出します。ただ、もし2ストライクまで追い込まれてしまった場合はバントのサインを出します。

　スリーバント失敗の可能性があるの

で、セオリーとは異なるかもしれません。しかし、私のチームの選手は日頃からバントの練習を重ねて、追い込まれた場面でも成功できる自信があるのでこのサインを出すことができます。もし、バントに自信がない選手にこの場面で打席が回ってきたならば、スリーバントをさせることはできません。だからと言って、三振では試合の流れが変わってしまうので、ヒッティングをさせたくありません。だから、追い込まれる前に、送りバントのサインを出さなくてはならないのです。

　難しい場面でもバントを成功させる信頼のある選手には、ヒッティングのサインを出せる場面も多い、つまり「バントをしないために、バントの練習をしてほしい」のです。

第5章

走塁

長打が増えている軟式野球だからこそ、
一つでも先の塁を奪う走塁技術は大切。
隙のない走塁を身につけよう。

ロスのない走塁で二塁へ進む

ねらい

Menu 036 一塁ベースオーバーラン

≫主にねらう能力

技術 / チームワーク / 判断 / スピード / パワー

難易度 ★★★★☆

やり方

打席からスタートして、二塁への進塁可能な打球を想定しながら、一塁を蹴って二塁へ進む

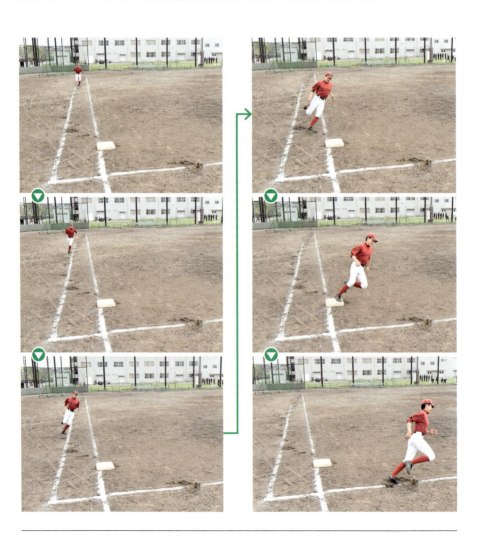

移動と回転

キャッチボール

内野手・外野手の
守備の基本

打撃の基本

バント

走塁

実戦守備

投球

練習計画の
立て方

ワンポイントアドバイス

≫ 外への膨らみはスリーフットレーンが目安

スピードを落とすことなく二塁へ進むためには、当然、一塁手前で外側に少し膨らんで走る必要がある。選手によってスピードはもちろん歩幅なども異なるためある程度の差異はあるだろうが、膨らむときはスリーフットレーンに入ったところから、左足がスリーフットライン上にあ

ることが目安だ。膨らみすぎて走行距離が長くなってしまってはいけない。同様に、一塁から二塁への走塁も、一塁と二塁を結んだ線の1m程度のラインに左足の走路（ランニングライン）とることがベストだ。

≫ ベースを踏む位置は左角が基本左右
どちらの足でも構わない

一塁を駆け抜けるときは、図のようにベースの外側を踏むようにする。この際、基本的には左足で踏むようにしよう。
一塁をオーバーランするときは、左の手前の角を踏むようにしよう。最短距離を走ることに加

えて、身体が内側に傾き、二塁方向へ進みやすいからだ。この状況では相手の一塁手がベースにいることはないため、踏む足は右足でも左足でも構わない。歩幅を合わせようとしてスピードを落としてしまうことがないようにしよう。

適切なリードの とり方を覚える

ねらい

Menu 037 一塁のリードオフ

≫主にねらう能力

技術 / チームワーク / 判断 / スピード / パワー

難易度 ★★ ☆☆☆

やり方

ランナー一塁の状況を想定して、リードをとる。マウンド上の投手の偽投や、
パートナーの合図などに合わせて盗塁のスタートを切る、あるいは帰塁する

！ ポイント
- ●左腕の始動と右足の方向づけを同時に鋭く行う
- ●左足の第一歩目のとき、二塁ベースに正対する

[盗塁]

移動と回転
キャッチボール
内野手・外野手の守備の基本
打撃の基本
バント
走塁
実戦守備
投球
練習計画の立て方

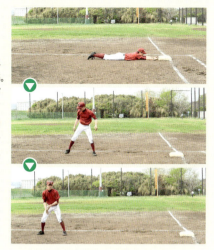

? なぜ必要？

自分のリード幅を覚えておく

適切なリード幅の目安は、ベースに手を伸ばして倒れたところから二歩のところに左足を合わせるのが基準。もちろん、選手によって積極的に盗塁をねらうタイプもいれば、盗塁はねらわず安全に位置取りをするタイプもいるが、投手に警戒させる距離はとりたい。どの程度の幅のリードを取れば、牽制された際に素早く一塁に戻れるのか、自分に合ったリード幅を事前に覚えておくことが大切だ。

［ 帰塁 ］

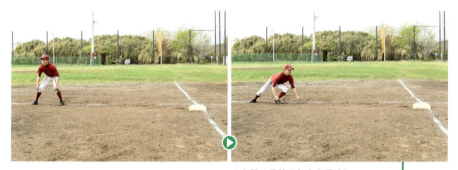

▲左足の足首の角度を深くし、低い姿勢で手、胸からスライドする

▲右腕のスイングと左足のキックを鋭く行う

▲右手でベースタッチ（両腕を伸ばそうとするとスライディング動作が遅れやすい）

Menu 038 二塁のリードオフ

二死二塁を想定して、二塁ベースでリードをとる。
ショートの位置を下げさせたい状況の場合は、外野側へ一歩下がった位置でリードをとる

[通常のリード]

[ショートを深く守らせたい場合]

ポイント

大前提はホームへ最短距離を走る

通常のリードの位置から、外野寄りへ一歩ほど下がった位置でリードをとることでショートを少し深めに守らせることができ、ヒットコースが広がる。一方で、ランナーの走行距離は伸びてしまう。三塁を蹴ってホームへ突入することを前提に考えながら、投球動作に合わせてポジションを変えるなど試合状況によって使い分けよう。

Menu 039 三塁のリードオフ

移動と回転
キャッチボール
内野手・外野手の守備の基本
打撃の基本
バント

やり方

ランナー三塁を想定し、リードをとる。マウンド上の投手の偽投や、
パートナーの合図などに合わせてホームに突入する、あるいは帰塁する（写真は帰塁）

走塁
実戦守備
投球

⚠ ポイント

ブラインドをつくる

帰塁の際は、捕手から三塁への送球を意識して、インラインに走路をとる。三塁手、捕手の間にブラインドをつくることがねらい。ただし、送球を妨害することは絶対にしないように。野手にプレッシャーを与え、ミスを誘うことで得点のチャンスをつくろう。

練習計画の立て方

スピードを落とさずに
ベースへ滑り込む

ねらい

Menu 040 スライディング

≫主にねらう能力

（レーダーチャート：技術・チームワーク・判断・スピード・パワー）

難易度 ★★★☆☆

やり方

二塁への盗塁を想定して、スライディングをする

上体を前傾

▲素早く立ち上がるために、上体を前傾する

立ち上がり、次の塁をねらうためのスライディングを身につける

ここで紹介しているのはスタンドアップスライディングと呼ばれる、ベースに到着後に立ち上がり、すぐに次の塁を目指すためのスライディング。滑り込むのがあまり早すぎると到着は遅くなってしまうので、ギリギリまで走り、スピードを落とさずに滑り込もう。

適度な後傾

▲ 低い姿勢でスライディング動作ができるように適度に後傾する

正しい姿勢ならここが汚れる

キャッチャーの タッチをかわして

ねらい

Menu 041 ホームへのスライディング

≫主にねらう能力

難易度 ★★★★☆

やり方

ホームでのクロスプレーを想定して、スライディングをする。左手で真っすぐタッチする方法、右手で回り込んでタッチする方法をそれぞれ行う

! ポイント

タッチする場所

●の部分に捕手のタッチがくることを想定して、☆または☆のポイントをタッチできるようにする

[左手でベースタッチ]

[右手でベースタッチ]

移動と回転

キャッチボール

内野手・外野手の
守備の基本

打撃の基本

バント

走塁

実戦守備

投球

練習計画の
立て方

❓ なぜ必要?

キャッチャーの
タッチをかいくぐる

日本では2016年に衝突防止のためのコリジョンルールが導入されて走者が有利にはなったが、捕手のタッチをかいくぐるベースタッチを着実に身につけて得点を奪いたい。捕手の体勢、位置どりなど状況に応じて、臨機応変にスライディングを使い分けよう。

✖ ここに注意!

基本は左手ベースタッチ

スピードを落とさずに、最短距離でタッチできるのは左手タッチ。これを基本に考えよう。捕手のタッチが間に合いそうなら、やや膨らんで走り回り込んで、右手でベースにタッチしよう。試合では、ネクストバッターが左右に指示するが、練習から実戦を想定して行っておこう。

 ## ワンポイントアドバイス

≫ 捕手の動きに合わせたスライディング

本塁への送球は、野手の捕球位置によって方向が変わるし、送球の方向により捕手のポジションが変わる。とくに左翼・左中間方向からの送球では、本塁ベースの右側に送球が逸れることもあるので、捕手の動きに合わせて左右どちらにもスライディングできる技術を身につけよう。

column 5　勝利第一主義≠勝利至上主義

　選手たちには、野球を楽しむということを大切にしてほしいとは思っています。最近どのスポーツにおいても、エンジョイすることが第一という考え方も出てきており、それ自体は間違っていません。ただ、私が掲げているのはあくまで「勝利第一主義」です。

　勘違いしてほしくないのは、「勝利至上主義」とは違うということです。「勝利至上主義」というのは、手段を選ばずに勝利をつかみにいくこと。勝利以外は意味がない、という考え方です。

　「勝利第一主義」は、勝つことを大前提とする意味では「勝利至上主義」と同じです。勝つという目標があるからこそ、人は自分に何が足りないのかを考えて、チームのために頑張ろう、

もっとうまくなろうという気持ちが生まれます。そのなかで人は育っていくからです。人間形成が目的である部活動においては非常に重要なことであり、「出たとこ勝負、エンジョイしよう」では人が育つわけがありません。

　「勝利至上主義」と異なるのは、「勝利」はチーム、選手によってそれぞれ違うということです。全国大会で優勝するのも「勝利」、予選一回戦を突破するのも「勝利」、草野球で隣町のチームに勝つのも「勝利」で良いのです。そうして「勝利」を目指すことで、高校生に限らず、人は成長していきます。目標を掲げて、それを達成するための「勝利」。野球に限らず、生徒指導をするうえでは大切な考え方だと思います。

第6章

実戦守備

第2章では基本的な捕球、送球練習を紹介した。
この章では、より実戦的な守備と、
捕手の練習メニューを紹介する。

ボールを中心とフットワークをノックのなかで身につける

ねらい

Menu 042 ランニングノック

≫主にねらう能力

技術 / パワー / チームワーク / スピード / 判断

難易度 ★★★ ☆ ☆

やり方 ▶

1 各ベースを通常の位置より2〜5mほどホーム寄りに置き、小さ目のダイヤモンドをつくる

2 各ポジションにつき、ノックを受けて一塁へ送球。マウンドの後方あたりに走って移動し、捕手からの送球を受け、三塁に送球する

3 ポジション毎に行う。送球先はポジションによって変わる

[二塁手の場合]

1 ノック捕球
2 一塁へ送球
3 マウンド後方へ移動
4 捕手からのボールを捕球
5 三塁へ送球

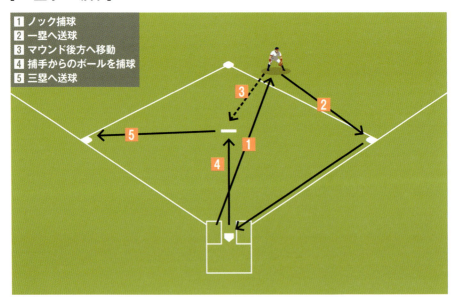

❓ なぜ必要？

次のプレーへの意識づけ

野手は、捕ったら終わり、送球したら終わりではなく、次のプレーを考えながら動く必要がある。捕球、送球したあとに移動して捕球、方向を変えて送球と続くランニングノックのなかで、次のプレーへの意識づけを行うことができる。

» いろんな方向から捕って、投げる

ランニングノックでは、通常の試合ではあまり投げない方向への送球も含まれているが、いろんな方向に投げることで、ボールを捕ったらグラブを引くという動作ではなく、ボールを中心に、投げる方向を意識したフットワークをこのメニューのなかで身につける。以下は、ポジション毎のパターンだが、走りながら方向を変えて送球という練習のねらいが抑えられていれば、このパターンでなくても良い。あくまで一つのベーシックな形として参考にしてほしい。

[一塁手の場合]
① ノック捕球　② 三塁へ送球　③ マウンド後方へ移動
④ 捕手からのボールを捕球　⑤ 三塁へ送球
※ノックを捕球する際、一塁ベースに近い球ならベースを踏んでから送球する

[遊撃手の場合]
① ノック捕球　② 一塁へ送球　③ マウンド後方へ移動
④ 捕手からのボールを捕球　⑤ 三塁へ送球

[三塁手の場合]
① ノック捕球　② 一塁へ送球　③ マウンド後方へ移動
④ 捕手からのボールを捕球　⑤ 次に並んでいる三塁手へ送球

ポイント

小さいダイヤモンドで効率的に

ダイヤモンドを小さくコンパクトにしたなかでのノックにする理由は、選手が長く動き続けることができることと、ノッカー（監督）からも個々の動きが見やすいことにある。長い時間、捕って投げる動作を繰り返し行いたい。距離が長いと体力的にきつくなってしまうので注意。ボールを強めに投げることにもなるので、肩の負担も考慮しよう。

ノック

打球との距離感を確認しながら実戦感覚を身につける

ねらい

≫主にねらう能力

（レーダーチャート：技術、チームワーク、判断、スピード、パワー）

Menu 043 クロスノック

難易度 ★★ ☆ ☆ ☆

やり方

1. ホームベースを中心に左右2カ所にノッカーを置く
2. 一塁側のノッカーはレフト方向へ、三塁側のノッカーはライト方向へ、クロスするようにノックを行う

? なぜ必要?

実戦に近い距離感のノックを行う

ノックを2カ所から行うこと自体は一般的ではある。ただ、左側のノッカーがレフト方向へ、右側のノッカーがライト方向へノックを行うと、特に内野への打球は実戦とは違う距離感となってしまう。左側のノッカーはライトへ方向、右側のノッカーはレフト方向へクロスした形でのノックによ

り、打球の距離感は実戦に近くなり、試合を意識した練習にすることができる。ここまでの練習で、捕球、送球の基本を身につけてきたので、次のステップとして打球の距離感をつかむ練習を行っていこう。

≫ 練習の効率性も意識して行う

2ヵ所から同時に行うことも多い。ノックのように野手が順番に行う練習では、どうしても待ち時間ができてしまい、特に練習時間が限られているチームにとってはもったいない。たとえば、レフト方向への打球はバックホーム、ライト方向への打球はバックセカンドなど、送球先の指定をうまく行いながらやることで、なるべく多くの選手が関わりながら、効率的に練習を行うことができる。

≫ 中継プレーの感覚をつかむ

中継プレーにおいて内野手の位置は、外野手の肩の強さ、捕手の姿勢などによって変わってくる。その距離感をクロスノックのなかでつかもう。外野手が確実に投げられる距離より、カットマンの位置が遠くても、近くても、暴投になりやすい。外野手が気持ちよく投げられる距離をクロスノックで互いに確認し合うことが重要だ。

≫ カットマンのポイント

カットマンの位置どりで重要なのは、「送球コースを空ける」「正確なポジショニング」「外野手との距離」である。位置どりのポイントは、本塁送球の場合、ゴロであればその打球の通過した跡を目安にする。また、ポジショニングする際は、必ず送球先を見る習慣をつけたい。ポジショニングがとれたら、両手を広げて、捕球者と送球先を結んだ線上にいることを確認しよう。

✕ ここに注意!

ノッカーの間に必ずネットを設置する

2カ所同時に行う場合は、お互いの打球、返球に気を向けにくい。ノッカーの間にネットを置いて暴投などによる事故を防ぐようにしよう。

移動と回転

キャッチボール

内野手・外野手の守備の基本

打撃の基本

バント

走塁

実戦守備

投球

練習計画の立て方

試合で起こりうる状況を想定して守備の動き方を覚える

ねらい

Menu 044 シートノック&スプレーノック

≫主にねらう能力

技術
パワー チームワーク
スピード 判断

難易度 ★★★★☆

やり方

1. 各ポジションに選手がつく
2. 順番通りにノックを打っていく（シートノック）
3. ランダムにノックを打っていく（スプレーノック）

[シートノック]

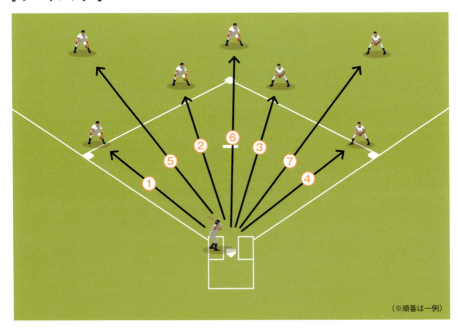

（※順番は一例）

⚠ ポイント①

動き方を覚える

シートノックでは打球方向を指定してノックを行う。同じポジションに複数人いる場合は、ノッカーはなるべく同じ打球を打つところからはじめてみよう。特にまだ初心者がいる場合は、前の人が打球をどのように処理し、またどのようにカバーに入るのかを知ることができる。身につけた技術を、実戦のなかで生かすために大切なステップだ。

移動と回転

キャッチボール

内野手・外野手の 守備の基本

打撃の基本

バント

走塁

実戦守備

投球

練習計画の 立て方

？ なぜ必要？

常に実戦を意識することができる

第2章で基本を身につけ、Menu042 ランニングノックでそれをノックの形で実践。さらにMenu043 のクロスノックで打球の距離感を覚え、このメニューで実際の試合に近い状況を意識するというように、段階的に守備の技術を磨いていってほしい。このメニューでも、まずは打球方向を指定、次にランダム（スプレー式）で行うことでレベルアップしていく。ノックのバリエーションはチームによってもさまざまな種類があるが、それぞれがどういうねらいを持って行うものなのか、指導者も、選手も意識して行うようにしよう。

[スプレーノック]

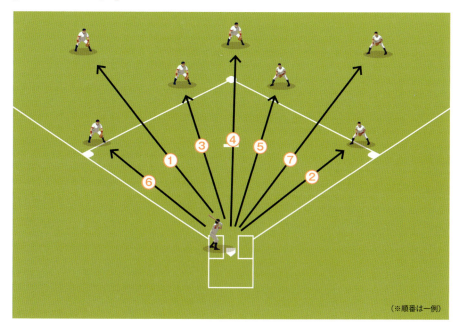

（※順番は一例）

！ ポイント②

ランナーをイメージして行う

捕球したあとのプレー、送球先は、ランナーの状況によって変わってくる。たとえば同じライト正面への打球でも、ランナー一塁であればセカンドへ、エンドランがかかっていればサードへ送球をねらう必要もある。試合で起こりえる状況を常にイメージしながら取り組もう。最終的には、イメージだけでなくランナーを置いて行うのも良い。

他にも実戦練習はいろいろあり

ここまで3種類のノックを紹介したが、これはあくまでベーシックなもの。
実戦的な守備の練習は他にもあり。いくつか簡単に紹介するので参考にしてほしい。

[ティーノック]

Menu026 から紹介したティーバッティングと、ノックを組み合わせたもの。メリットは、打撃、守備の練習を同時に行えること。打者は、ただ好きに打つだけでは守備の練習にならないので、打球方向・打球の強さを調節しながら行う。

ティー打撃と同じように、トスからはじめて、ハーフ、フルと距離を伸ばしていくのも良い。逆に守備側は、どういう打球が飛んでくるのかわからない、より実戦的な守備練習を行うことが可能だ。

+

[バントゲーム]

内野のフィールドのなかに限定し、シチュエーションを決めて、バントと走塁だけのゲームを行う。ノックとは違うが、通常とは異なるゲーム感覚で楽しむことができる。打者は、バントと叩きつける打撃のみ OK とする。バントがく

るとわかっている状況でどのように守るのかを考え、逆にバントだけでもゲームは成立するということを知ることもできる。打者はバントの練習にもなるし、叩きつける打撃の練習にもなり、野手を揺さぶる駆け引きの練習にもなる。

軟式野球だからこそ
ワンバウンド送球でもOK

　特にジュニア選手に言えることだが、一塁への送球の際、ノーバウンド送球のために一生懸命に踏ん張って強く投げ、その結果暴投するくらいなら、ワンバウンド送球のほうが良い。

　これは中学・高校生以上も同じで、たとえノーバウンドで投げられる技術を持っていたとしても、暴投のリスクを防ぎ、確実にアウトを取るための方法としてワンバウンド送球の練習もしっかりしておきたい。

　ポイントは、早く捕って、素早く放すとい

うこと。たとえば遊撃手からの送球でも、捕った瞬間にはトップの位置を作っているイメージで、山なりで素早く投げれば、踏ん張ってノーバウンドで強く投げるよりも正確で速く一塁へ到達する。さらに一塁手にとっても、ダウンボールになるので捕球しやすい。早い、正確、リスクも少ないのだ。これは、ボールが弾みやすい軟式球だからこその技術だろう。ただし、試合前にはグラウンド状況をチェックして、ワンバウンド送球の弾み具合も確認しておこう。

状況に応じて適切な中継プレーを行う

ねらい

Menu 045 中継プレー

≫主にねらう能力

技術
パワー　　　チームワーク
スピード　　判断

難易度 ★★★ ☆ ☆

やり方

外野手へのノックのなかで、三塁への送球、
あるいは本塁への送球のために中継プレーを行う（あるいはスルーする）

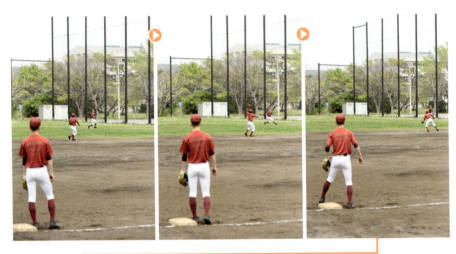

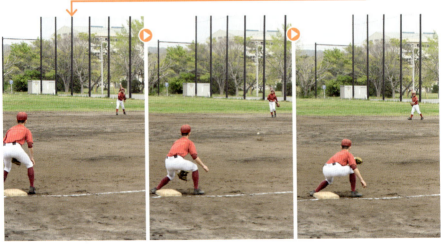

移動と回転

キャッチボール

内野手・外野手の守備の基本

打撃の基本

バント

走塁

実戦守備

投球

練習計画の立て方

なぜ必要？

少しでも早く内野に返球する

外野への打球に対しては、内野手がカットマンに入り中継プレーを行う。肩が強い外野手の送球がそのまま内野に届くのであれば、カットマンはスルーする。カットマンは、外野手と送球先（三塁手や捕手）を結んだライン上から少しだけずれて、送球コースを空けておくこと。外野手にとってはカットマンが送球のターゲットにもなるので、大きく外れないようにしよう。

外野手の肩が強くない、あるいは外野手を超える打球、間を抜ける打球、捕球時に体勢が崩れている場合は、中継プレーを前提にカットマンは外野手との距離を詰めていこう。これは、レフト、ライト、そしてセンターの場合も同じだ。

✕ ここに注意！

外野手のダイレクト送球が基本

外野手の前への打球であれば、基本的には、外野手のワンバウンド送球でランナーと勝負してもらいたい。そのほうが早いのもあるし、カットマンが入ることによるミスの可能性も減るからだ。また、センター前の打球の場合、中堅手からの送球がマウンドに当たってしまうケースもあるので、センターからの送球はマウンドを越えてからバウンドさせることを意識してほしい。

Extra

力んでボールをよくたたきつけてしまう外野手の対処法

親指、人差し指、中指の3本でボールを握ろうとすると力が必要になり、その結果、余計な力が入り、腕、手首が硬くなる。したがって、薬指を加えた4本の指で柔らかく握るのが良い。5本使うと、また力が入ってしまうし、手首を使おうとすると力が入る。4本で柔らかく握って、自然に手を振れば、勝手にボールが抜けていく感覚があるはずだ。指先にちょっと掛かって、「すれた」感覚が持てれば、スローイングのイメージも変わってくるだろう。

挟んだランナーは確実にアウトにする

ねらい

Menu 046 三本間の挟殺プレー

≫主にねらう能力

技術
パワー チームワーク
スピード 判断

難易度 ★★★

やり方

ランナー三塁でスクイズが失敗し、ランナーを
挟んだ状況を想定し、アウトにする

⚠ ポイント

● ボールを見せながら追う
● 偽投はしなくて良い
● ベースにこだわらず
　挟殺距離を短くする
● 挟殺プレーが
　崩れたときのための
　ベースカバー

移動と回転

キャッチボール

内野手・外野手の守備の基本

打撃の基本

バント

走塁

実戦守備

投球

練習計画の立て方

ワンポイントアドバイス 》 1回でアウトにするのが理想

ホームから遠い場所で、1回でアウトにしたい。捕手からの送球を受けた三塁手は1歩前に出ながらボールを受けて、そこでタッチするのがポイント。ランナーが捕手からの送球のブラインドにならないように、三塁手はインフィールドに出て、捕手がファウルゾーンに出たら、三塁手も外側に出る。

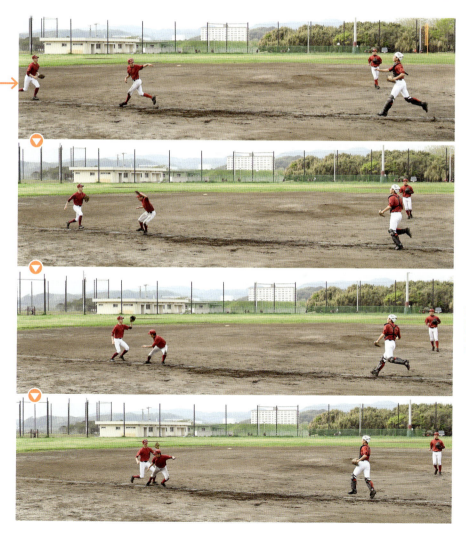

一塁線へのバントを処理する

ねらい

Menu 047 バント処理（一塁手）

やり方

ノック、またはスローで一塁線へバントの打球を転がし、一塁手が処理する。
打球の方向・強さなどから一塁か二塁に送球かを判断する。（写真は二塁への送球）

[左投げの場合]

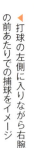

▲ 打球の左側に入りながら右腕の前あたりでの捕球をイメージ

▲ 右足を出しながら捕球し、左足は送球方向に対して直角に

なぜ必要？

送りバント対策を着実に

ランナー一塁の状況であれば、一塁手が捕球するようにバントを転がしてくることは多い。二塁でアウトにできれば良いが、まずは一塁で確実にアウトをとれるように練習を積んでおこう。

！ ポイント

グラブを中心に 回転する

一塁への場合も、二塁への場合も、走って捕球し方向を変えながらの送球となる。グラブを中心に回転し、身体を切り返そう。

✕ ここに注意！ バウンドの変化に注意

軟式球の場合、バットのコンタクトの仕方により左右にバウンドが変わることが多いので、打球回転をしっかりと見ることが大切。

［ 右投げの場合 ］

◀ ターンを素早く行うため、打球の正面ではなく左側に入る

◀ 送球を安定させるための軸足の角度に注意

三塁線への バントを処理する

Menu **048** バント処理（三塁手）

≫主にねらう能力

技術
パワー　チームワーク
スピード　判断

難易度 ★★★ ☆ ☆

やり方

ノック、またはスローで三塁線へバントの打球を転がし、
三塁手が処理する。打球の方向・強さなどから一塁か二塁に送球かを判断する。（写真は二塁への送球）

ポイント①

ダウンボールを意識する

軟式の場合、バントの場合でも高く弾んでくることも多い。まずはダウンボールで捕ることを第一に、間に合わなければショートバウンドでの捕球になるイメージ。やむを得ずハーフバウンドでの捕球なるときは、目線を下げることを忘れずに。

ポイント②

ワンバウンド送球もあり

P113で解説した通り、捕って素早く投げることでワンバウンド送球になるのも良い。軟式野球だからこその技術だ。

ポイント③

捕球位置を意識

左足の横あたりで捕球すると、次の右足（軸足）を送球方向に対して直角に出しやすい。写真のような捕球の流れをつくるためには、捕球する位置が重要だ。

Extra

状況によりさまざまな投げ方を

三塁手に限らず、バント処理の場合、打球の強弱・高低により、素早い送球のためにはサイドハンドスロー、アンダーハンドスローが必要になる場合がある。練習のなかでトライしてみよう。

ワンポイントアドバイス

≫ 膨らんで 回り込んで捕球する

ボールに対して、真っすぐ入り込んではいけない。少し膨らみながら、投げる方向へ移動しているように回り込んで捕球し、その流れのなかで送球しよう。そうすることで投げやすくなるだろう。

移動と回転

キャッチボール

内野手・外野手の守備の基本

打撃の基本

バント

走塁

実戦守備

投球

練習計画の立て方

さまざまな送球に対応して確実に捕球する

ねらい

Menu 049 一塁手の捕球

≫主にねらう能力

技術
パワー　　チームワーク
スピード　　判断

難易度 ★★★★

やり方

内野の各野手からボールを投げてもらい、ベースについた一塁手が捕球する。
ノーバウンド、ワンバウンド、などさまざまなボールを投げてもらう

？ なぜ必要？

捕球動作は一塁手にとって最も大切

一塁手は、試合中の多くのプレーで内野手からのボールを捕球するのが仕事。それだけ多くのアウトをとるのに関わっている、重要なポジションだ。すべてが安定したボールではなく、難しいバウンドだったり、送球が横にズレたりすることも日常茶飯事。どんな送球でも確実に捕れるように、練習を積んでおこう。

[ローボール]

[ワンバウンド]

⚠ ポイント　足を踏み出す

足を広く、大きく踏み出して、低い姿勢のまま捕球する。

⚠ ポイント　身体の前で捕る

バウンドに合わせて後ろに下がってもいいが、身体がのけぞらないように、前で捕球する。

👆 ワンポイントアドバイス　≫ 送球のズレへの対応も身につけよう

送球に応じて、ベースに近い足を使って触塁することが大切だ。

▲内側へズレた場合は無理せず足を動かす

▲外へ出て捕手からの送球を受ける

安定した構えで 投げやすい的になる

ねらい

Menu 050 捕手の構え

≫主にねらう能力

技術 / チームワーク / 判断 / スピード / パワー

難易度 ★★★★☆

やり方

面、防具、ミットをつけて、ブルペンで投球を受けることを想定して構える

[正面からの構え]

! ポイント①

- 両脚に均等に体重が かかるように
- ワンバウンド投球に備えて、 つま先を開く
- ミットを立てて、 投手からミットが 見やすくなるよう構える
- 小さく構えすぎず、 投手に安心感を 与える構えが良い

[横からの構え]

! ポイント②

- 目線とミットが 離れないようにする
- カカト体重にならないように、 ややつま先体重で 身体を支える
- 柔らかくハンドリングを するために、ヒジはゆるめた 状態で構える

構えが安定すれば投手は投げやすい

投手は捕手を的にしてボールを投げる。その的が不安定だと投手も投げづらい。どっしりと構えて、しっかりとした的になろう。また、グラブは基本的にはあまり角度を変えず、特に右打者のインコースへのボールには横向きになったりしないよ

うに自然な縦の角度を維持するように。ボールに対して寄せるというよりは、止めることが大切。ボール1個分外側の球をキャッチするイメージを持とう。

▲自然な角度での構え

▲横に倒れすぎている

ワンポイントアドバイス

≫ 捕球時に、親指の高さを変えない

ボールを捕る瞬間に、なるべくグラブが動かないようにしたい。イメージは、後ろに立つ審判から見えるミットの面が変わらないようにすること。より具体的な基準を言うと、親指の高さが変わらないように意識しよう。捕球した瞬間にミットが動いてしまうと、たとえ意図がなくても、ストライク判定をとるために動かしたと審判に思われてしまう可能性もあるし、ボールがより低く見えてしまう可能性がある。これはどのコースのキャッチングでも同じだが、特に低めのボールに対しては注意したい。もちろん、審判へのイメージだけでなく、安定したキャッチングを見せるという点でも重要だ。

手元拡大

正面のワンバウンドの投球をストップする

ねらい

技術
パワー
チームワーク
スピード
判断

Menu 051 ボディストップ①

難易度 ★★★★☆

やり方

ベースのあたりでワンバウンドする投球を想定して、ボールを身体でストップする動きを行う

正面

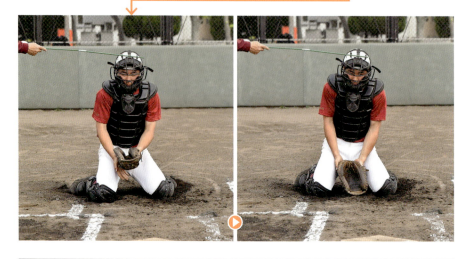

! ポイント① つま先を返すイメージ

ボールを止めるために前に出るのではなく、座っている状態からつま先を返して、ヒザを落として身体に当てるイメージで行う。

! ポイント② 頭の高さを変えない

頭の高さが変わる→頭の高さが上がる＝股間の空間が大きくなり、後逸のリスクが高まる。
足から動かすので、頭の位置はほとんど変わらないはずだ。前傾姿勢になりすぎないように。

! ポイント③ 捕るより止める

最悪なのは股を抜けてボールが後ろに逸れること。完全に捕球できなくても身体で止めて、
最低限、前にボールを落とそう。

左右へのワンバウンドの投球をストップする

ねらい

Menu 052 ボディストップ②

≫主にねらう能力

技術・パワー・チームワーク・スピード・判断

難易度 ★★★★★

やり方

ベースのあたりでワンバウンドする変化球を想定して、ボールを身体でストップする動きを行う

？ なぜ必要？

外への変化球に備える

右投手のスライダーやカーブなどは、ワンバウンドして外へと流れていくので、その対応を身につける

！ ポイント

左ヒザ→右ヒザ→右肩

左、右の順にヒザを着いたあと、右肩を内側へ向けるようにして対応する。

≫ 軟式球では立ち上がってストップすることもある

硬式球に比べて弾みやすい軟式球だと、ベースの手前でワンバウンドしたボールが腰の高さや、球種によっては捕手の頭を超える高さまで跳ね上がることもある。投球に対して、初動は通常のボディストップの形のように片ヒザを着くようにしながら、手前でバウンドすると思ったら立ち上がってボールをストップする。キャッチするのは難しい場合も多いので、身体で止めることが大切だ。

※写真は左投手のスライダーがベース手前でバウンドすることを想定した動き

≫ 事前に投手の球質の特徴をつかんでおこう

軟式球の場合、右投手の変化球が捕手の右側に流れる場合に、変化のかかり方によっては左側に逸れることもある。ブルペンなどで、その投手の変化の特徴を確認しておくことも大事。

捕球からの送球動作を覚える

（ねらい）

Menu 053 捕球からの送球

≫主にねらう能力

技術 / パワー / チームワーク / スピード / 判断

難易度 ★★★★

やり方

捕球する構えから、パートナーにボールを投げてもらう。
捕球したら素早く足をステップしてボールを握りかえて、送球する動きを行う。
最初は体勢をつくるところまで、形を覚えたら実際に二塁へ送球する

▲コースを判断する　　　　　　▲ミットだけで追わず、左足を投球方向に動かす

▲ミットの高さを変えずに、右足（軸足）がミットを追い越す　　▲ゼロポジションに移行、ミットを返すことでボールを握れるようになる

? なぜ必要?

素早く送球するための
フットワークと握りかえを覚える

ここでは捕球から送球のフットワークを身につける。盗塁阻止のための二塁、三塁への送球や一塁への牽制では捕球から送球に移行することがほとんど。ステップは素早く、基本は3歩か2歩で投げる。もしワンバウンドの捕球なので体勢が崩れた場合は、送球までの時間を短縮するために1歩で送球するのもあり。フットワークとともに、ボールの握りかえもここでしっかり覚えておこう。

ワンポイントアドバイス

≫ 送球はノーバウンドで
　的はベースではなく投手

二塁への送球の場合、ノーバウンド送球が基本。ただし、二塁を目標として投げるとカんでしまい手前でバウンドしてしまうこともあるので、投手の頭や手を目標に、そこを目がけて強く投げることを意識する。ベースまでの距離をあまり考えない方がいい。まだ肩が強くなくノーバウンドが難しいようであれば、そのぶんステップを速くしたり、ワンバウンドをねらってみたりしてみよう。

▲軸足にしっかりと体重を乗せる

▲回転運動に入る

移動と回転

キャッチボール

内野手・外野手の
守備の基本

打撃の基本

バント

走塁

実戦守備

投球

練習計画の
立て方

捕ってから素早いタッチの動きを身につける

ねらい

Menu 054 本塁タッチプレー

≫主にねらう能力

技術
パワー / チームワーク
スピード / 判断

難易度 ★★☆☆☆

やり方

外野からの返球を想定してボールを投げてもらい、
本塁をねらうランナーとのクロスプレーをイメージしてタッチの動作を行う。
右ヒザを落として、ミットを下げてタッチを行う

移動と回転

キャッチボール

内野手・外野手の 守備の基本

打撃の基本

バント

走塁

実戦守備

投球

練習計画の 立て方

? なぜ必要?

素早く、正確にタッチする動作を覚える

捕球から素早く、かつランナーとの衝突のないタッチの仕方を覚えよう。また外野からの返球位置によって立ち位置が変わってくる。センター、レフトからの返球であればベースの前に立ち、ライトからの返球だとランナーが見えずタッチをかいくぐられやすいので、ベースの後ろに下がって立てば、ランナーの走路も確保できて安全で、かつ回り込まれにくいタッチができる。

▲センター、レフトからの返球はベースの前に立つ

▲ライトからの返球はベースの後ろに立つ

✕ ここに注意!

ヒザの着き方に注意する

ヒザを着かずにミットだけでタッチにいくと、隙ができてしまいタッチをかいくぐられてしまう。逆に両ヒザを着くと、ベースをブロックすることになり、ランナーと交錯すると危険だ。片ヒザを着いて、タッチするように

▲ヒザを着かないとかいくぐられやすい

▲両ヒザを着くとブロックになり危険

Arrange

ランナーをつけてやってみよう

column 6 軟式野球はヒットが出やすい?出にくい?

よく、軟式野球と硬式野球では打撃が違うと言われています。ここ数年の軟式野球の打撃傾向を分析していくと、平成18年にディンプルが大きいボールから少ないボールに変わったことで、ヒットの本数は減っているけど、得点数はほぼ同じだという結果になっています。この数字から言えるのは、長打による得点が増えているということです。ボールが変わったことで、より遠くに飛ぶようになったんじゃないかということです。そこで私は、いわゆる叩きつけて内野安打をねらうような打撃ではなく、しっかりと振り抜いて、気持ち良くボールを飛ばすような打撃を目指そうと思いました。

よく硬式でも、逆方向への強い打球を目指そうという指導があります。硬式球は反発力が強いので、バットの角度さえ決めてあげれば、割と強い当たりになることが多いですが、軟式球の場合は、基本的にはバットのヘッドの重みを使ってしっかりと振らないと、芯を食わない限りは強い打球になることはありません。硬式球にくらべて、ライトゴロが発生しやすいと言えます。つまり、変に逆方向への打球をねらうよりは、あくまでバットを強く振り抜くという姿勢のなかで、タイミングやヒットポイントの違いによって逆方向にいくというのが正しいと思います。少しタイミングが早まれば、引っ張りの方向に強い打球がいくからです。

ヒットの本数が減っているからこそ、細かいヒットは試合のなかで本当に必要な場面でねらい、基本はしっかりと振り抜いて長打をねらう気持ちで取り組んでほしいと思います。

第7章

投球

投球で大事なのは「移動と回転」を意識して強く正確に投げること。
ゼロからフォームをつくっていくメニューを紹介する。

ゼロポジションを意識してトップをつくる

ねらい

Menu 055 ゼロポジションピッチ①

≫主にねらう能力

技術
パワー　チームワーク
スピード　判断

難易度 ★★ ☆ ☆ ☆

やり方

ゼロポジションの位置をつくり、軸足に体重を乗せて、
前足に体重を移動させながらキャッチボールをする

? なぜ必要？

トップの感覚をつくる

ボールを投げる動作において、「移動と回転」が連動するのが大切だというのは、これまでの章で説明した通り。投球では、移動と回転により生まれたエネルギーを腕の振りへ伝えてボールをリリースすることになる。そこで生まれたエネルギーをロスしないように、ゼロポジションを意識してトップをつくり、腕を振ってボールを投げる感覚をこの練習でつかむ。グラブは、投げる方向に向けよう。

! ポイント

目安は3割程度でOK

ここではまずトップの形をつくることが練習の目的。コントロールは10割を目指す必要はなく、3割程度でも良い。ある程度目標に向かって投げることができるようになったら、次の段階へ進もう。

重心移動も意識しながらトップをつくる

ねらい

Menu 056 ゼロポジションピッチ②

≫主にねらう能力

技術
パワー チームワーク
スピード 判断

難易度 ★★★ ☆☆

やり方

セットポジションの位置から足を上げ、その状態のまま手をトップの位置に持っていく。
そこから移動してボールを投げる

ワンポイントアドバイス

≫ グラブは外側に向け 「引く」よりも「どかす」

グラブの向きは捕手方向へ。その際、外側へ向けること。そうすることで身体が開くのを抑えることができるからだ。回転に入ったら、その腕は「引く」というよりも「どかす」。意識して引くことにより球速につながるという考えもあるが、あくまで回転動作でパワーを伝えることを意識して、回転の邪魔にならないように「どかす」という意識で良い。

移動と回転　キャッチボール　内野手・外野手の守備の基本　打撃の基本　バント　走塁　実戦守備　投球　練習計画の立て方

重心移動の行いながらトップをつくる

ねらい

Menu 057 重心移動ピッチ①

≫主にねらう能力

技術 / パワー / チームワーク / スピード / 判断

難易度 ★★★★

やり方

通常の投球の 7 割くらいに足を開き、
前から後ろに向かって重心を移動するなかでトップをつくり、ボールを投げる

移動と回転

キャッチボール

内野手・外野手の守備の基本

打撃の基本

バント

走塁

実戦守備

投球

練習計画の立て方

投げるというより回転を意識する

意識としては、腕の力でボールを投げるというよりも、一連の動作のなかで自然と肩が回転し、最後はそのパワーが腕、そして指先に伝わるというイメージ。たとえば、もし右投手が右打者の方向にボールが抜けてしまうのであれば、回転しきる前にボールをリリースしてしまったということ。目安は、本塁と二塁を結んだラインから体軸を中心に回転し、130度の位置でボールを放す。

❗ ポイント

ヒザの角度は保ったまま

ボールを投げる瞬間に身体が伸び上がってしまわないように、最後の左ヒザの角度は保ったまま踏ん張る

投球フォームづくり

ねらい

重心移動とトップづくりを連動させる

Menu 058 重心移動ピッチ②

≫主にねらう能力

技術
パワー　チームワーク
スピード　判断

難易度 ★★★★★

やり方

セットポジションの位置から足を上げ、その状態のまま手をトップの位置に持っていく。
そこからボールを投げる。少しずつ、トップをつくる時間を短くしていく

移動と回転

キャッチボール

内野手・外野手の守備の基本

打撃の基本

バント

走塁

実戦守備

投球

練習計画の立て方

なぜ必要?

重心移動の感覚を取り入れる

動作としてはMenu056とほぼ同じだが、Menu057で身につけた重心移動の感覚を意識して、トップをつくる動きと連動させながら実際の投球のイメージに近づけていく。同じような動きでも、目的を考えながら行うことが大切だ。

ワンポイントアドバイス

≫ 時間を短縮していく

最初は足を上げた状態でトップをつくり、投げる。次第にこの時間を短縮していき、重心移動のなかでトップをつくってボールを投げることで実際の投球フォームとなる。この段階でテークバックへの移行の際に硬くなってしまうのであれば、"遊び"をつくるイメージでリラックスすることを意識させる。

Extra

正しい投球フォームで故障の原因を「極減」

投手の投球フォームには「打者との間合いを外す」「球を見にくくする」など目的はいろいろあるが、円滑なトップへの移行と、ゼロポジションからの「ハンドリング（手を振る動作）」は、故障の原因を「極減」させるものだと考えている。

リズムのなかで
フォームを固める

ねらい

Menu 059 テンポピッチ

≫主にねらう能力

（レーダーチャート：技術、チームワーク、判断、スピード、パワー）

難易度 ★★★☆☆

やり方

14mの距離をとり、捕手は立つ。投手が投げたらすぐ捕手は返球し、また投げるを繰り返す。これを通常の距離（18.4m）でも行う

! ポイント

「リズム」と「タイミング」

コントロールは「リズム」と「タイミング」が重要。選手により安心してターゲットに投げられる距離があるので、14mにこだわらず、リズムよく投げ続けられる適度な距離を見つけてほしい。

[14mで行う]

▲ まずは14mの近い距離でどんどん投げ込む

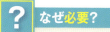

移動と回転
キャッチボール
内野手・外野手の守備の基本
打撃の基本
バント
走塁
実戦守備
投球
練習計画の立て方

? なぜ必要？　細かいことを考えないようにリズミカルに投げ込む

1球1球丁寧に投げ込むのは、問題点を修正する場合においては有効な練習ではある。ただ、考える時間が多いぶん、いろいろなことが気になってしまうこともある。この練習では、あまり考えすぎずに、リズミカルに、テンポを重視してどんどん投げ込むなかで、本来あるべき自分の投球の形、リズムをつくっていく。最初は14mの近い距離で捕手は立った状態ではじめ、次第に距離を広げて、最後は通常のマウンドの距離で捕手を座らせて行う。

👆 ワンポイントアドバイス　≫　中間距離16mでもいい

14mである程度投球がまとまり、10球中7球くらい思ったコースに投げられるようになったら距離を広げていく。いきなり18.4mに広げてバラつきが多くなるようであれば、その中間の16mでもやってみよう。投手がテンポよく投げ込むだけでなく、捕手も同じようにテンポよく返球し、投手の練習にしっかりと協力することも大切だ。

[18.4mで行う]

▲ 慣れてきたら18.4mに広げて捕手を座らせる

ストライクの
アングルをつかむ

ねらい

Menu 060 ロングピッチ

≫主にねらう能力

```
        技術
パワー        チームワーク

スピード      判断
```

難易度 ★★★★☆

やり方

20 ～ 22m の距離をとり、ボールを投げる。直球、変化球を組み合わせながら行う

なぜ必要？

変化球をストライクゾーンに投げるイメージをつくる

この練習では、ストレートに投げ込む必要はなく、山なりで投げていい。投手は、マウンド上のプレートから投げると、どうしても直線的に捕手のミットへ投げようと意識してしまいがち。ストレートの場合はそれでも良いが、変化球の場合は曲がり幅、落ち幅を確認するうえではあまり有効ではない。距離を広げることで、「このあたりでリリースすると、空間のあのあたりを通ってボールは曲がっていく」という感覚がわかりやすくなる。空間のなかにターゲットをつくり、回転の掛け方を調整し、ストライクゾーンのアングルに落とし込んでいく。ボールの軌道を長く見られるので、ストライクゾーンに対する考え方にも変化が出てくるはずだ。この練習も、なるべくテンポよく投げ込んでいこう。

Extra

投球術は人それぞれ

この練習に限らずだが、投手については、あまり細かいことは言いすぎないようにしている。軟式野球ではツーシームなどの落ちる球が主流になっているとはいえ、ある程度コントロールがまとまっていれば、そこまで多彩な変化球がなかったり球速が110キロ前後しか出なかったりする選手でも、球が遅いことが逆に武器となって相手を抑えることができる。「移動と回転」を意識した基本的な原理を伝え、問題があるようであれば修正をするのみにして、そこから先は投手それぞれの個性に任せるようにしたい。

投球フォームの問題点を修正する

ねらい

Menu 061 頭の突っ込みを修正する

≫主にねらう能力

技術 / パワー / チームワーク / スピード / 判断

難易度 ★★★☆☆

右手をパートナーに引っ張ってもらった状態で、重心を移動する

👆 ワンポイントアドバイス

≫ 前足を上げれば自然と体重移動ははじまる

プレートの踏み方として、カカトと小指を結んだ線をプレートの上に置き、カカトと親指を結んだ線をプレートの下に置くようにする。この状態でプレートを踏んでいれば、傾斜に沿って軸足は傾いている。よって、真っすぐ前足を上げれば、軸足だけで体を支えるのは難しく、自然と捕手方向に向かって重心は動き出す。これが「移動」の初動となる。このまま自然に移動すれば、前足が着いたときに頭は前足の上に乗り、動き出しの力をロスすることなく投球動作につなげることができる。

股関節を使えていないと頭が突っ込んでしまう

頭が突っ込んでしまう場合というのは、「移動」の際に軸足に体重が残らないままに前足に体重が移動してしまい、前傾姿勢になる。前足が着いた瞬間に肩の回転がはじまるのが理想だが、こうなってしまうと、前足が着いた瞬間には肩の回転が遅れており、最終的には腕の力だけでボールを投げる状態となってしまう。それを修正するためには、軸足で立った状態でパートナーに腕を少し引っ張ってもらい、そのなかで移動を行う。そうすると、頭の位置はあまり動かすことなく、軸足に体重が残っている感覚をつかむことができるはずだ。

▲頭が突っ込んでいるフォーム

149

Menu 062 ヒザの使い方を修正する

軸足のヒザから捕手方向に移動することを意識して、ボールを投げる

移動と回転

キャッチボール

内野手・外野手の
守備の基本

打撃の基本

バント

走塁

実戦守備

投球

練習計画の
立て方

捕手方向への
ヒザの送り出しを意識する

前足を上げたあと、投球動作の「移動」が進むにつれてヒザは曲がり、捕手方向に動く。上げた足を、軸足のヒザが追い越すイメージを持つと良い。極端に追い越す必要はないが、自然に移動していけば、追い越すようになるはずだ。

ワンポイントアドバイス

≫ 三塁方向にヒザを曲げるよりは腰を落とすイメージ

軸足のヒザを曲げる動作には2種類ある。一つは、前方（右投手なら三塁方向）にヒザが出るように曲がる。もう一つは、腰を落とすイメージでヒザが曲がる（ヒザはあまり前に出ない）。投球動作においては、どちらかと言えば後者を意識する。前に出してしまうと、そちらに重心が移動し、捕手方向への「移動」の初動を止めてしまうことになるからだ。傾斜に沿って「移動」が加速し、回転に結びついていくということを忘れないように。

ただ、元からカカトに体重が掛かるように後傾して投げてしまう選手もおり、そのタイプは同じように捕手方向への「移動」ができず、身体を開いてボールを投げてしまいがち。そのような場合は、逆に少し前に屈伸した状態でセットポジションをとり、ヒザを前に曲げて投げるようにアドバイスすることもある。

Menu 063 前足を正しい位置に着く

やり方

前足の着地地点を決めるための順序を確認する。

▲軸足をプレートに合わせる

▲マウンド後方に下がり、ボールを投げる
方向を確認する

▲軸足の幅と、投げる方向の線をイメージする

▲ステップ幅に合わせて前足の着地地点を決める

移動と回転

キャッチボール

内野手・外野手の 守備の基本

打撃の基本

バント

走塁

実戦守備

投球

練習計画の 立て方

? なぜ必要？

足幅のなかに着地を収めればボールは真っすぐ投げられる

前足の着地点は、足の幅（特にカカト）と捕手方向を結んだ線上に決める。この着地地点が決まれば、踏み出す方向、すなわち体重移動の方向が決まるので、自然に身体が回転して正しい位置でボールをリリースすることができれば、左右のブレはなくなるはずだ。

✕ ここに注意！

クロスするのはNG

移動の方向が投球方向に直線的に動けないことは、投球の左右へのずれを引き起こす最大の要因。とくにクロスステップは過剰な腕振りや回転が必要となり、肩、ヒジ、腰の故障につながりやすい。

Menu 064 ヒジが下がるのを修正する

L字の防球ネットの前にヒザを着いて立ち、捕手に向かってボールを投げる

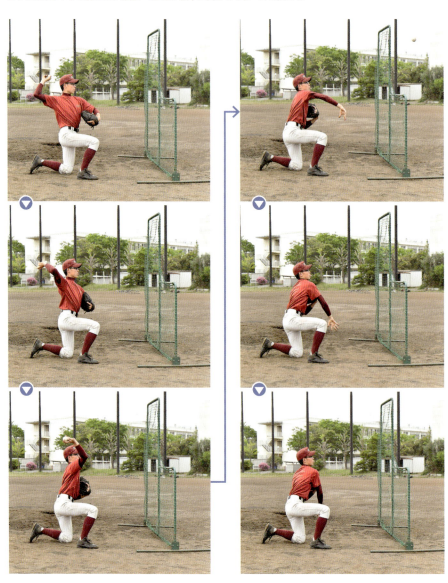

移動と回転

キャッチボール

内野手・外野手の守備の基本

打撃の基本

バント

走塁

実戦守備

投球

練習計画の立て方

? なぜ必要?

ヒジが下がるのを矯正する

元々ヒジが下がり気味だったり、試合のなかで疲労によりヒジが下がったりすることはよくある。前にネットを置くことで、ぶつけないように必然的にゼロポジションの位置までヒジを引き上げて投げることになる練習だ。投げ終わりは、親指が下に、小指が上を向くようにしよう。これは、投手のみならず、野手でもヒジが下がりがちな選手には効果的。

✖ ここに注意!

大きく腕を回すのはオススメしない

ダイナミックに、大きなモーションで腕を回して投げるのは良いという考えもあるが、タイミングが合わないと、腕が上がりきる前にトップをつくって投げることにもなるためヒジが下がりがちになる。そのため、あまりオススメはしない。できるだけヒジを中心にトップをつくり、コンパクトなテークバックでボールを投げるようにしてほしい。

ワンポイントアドバイス

≫ コントロールを意識しすぎるとヒジが下がる

丁寧に投げようとすると、顔の近くで手のひらで押し出すようなリリースになってしまい、その結果ヒジが下がってしまう。コントロールを重視する場合でも、ゼロポジションを保ち、「手の振り」のなかでリリースする感覚を身につけよう。

横手も下手も原理は同じ

　投げ方はいろいろあり、本書ではここまでオーバースローを基準に紹介してきましたが、スリークォーター、サイドスロー、アンダースローの場合でも原理はみな同じです。

　基本は、何度も説明している「移動と回転」で加速し、エネルギーを腕、指先に伝えること。それは変わりません。違うのは、体軸の傾きだけ。上半身の軸が傾けばそれに伴い腕の角度も下がります。それによってリリース位置が変わるだけ。腕の位置だけを変えるのはNGです。細かいところの違いはありますが、原理を押さえたうえでそれぞれの投げ方に挑戦してみてください。

▲オーバースロー　　　▲スリークォーター

▲サイドスロー　　　　▲アンダースロー

終 章

練習計画の立て方

これまで練習メニューを紹介してきたが、
本章ではこれらをどのように組み合わせ、
またどのような計画を立ててチームづくりを
行っているかを紹介する。

チームづくりの全体像

　チームづくりを進めるうえで大切なのは、まずはチームの特性を知ること。横浜修悠館の選手たちは、自衛官を養成する高等工科学校に通い、普段から寮生活のなかで他校にはない鍛錬を積んでいるという特徴がある。一方で、一日の練習時間が90分に限られているという制限もある。

　それを踏まえたうえで、最終的な完成の姿のイメージをつくり上げて、チームの特徴、指導者の野球観、そして目指すべき野球を重ね合わせていきながら計画を立て、実行し、分析し、その都度修正を行って変化を加えていく。

　1年間を、夏の選手権後の9月をスタートとして4つの期に分けて1年後の完成形を目指す形で、次のページから期ごとの具体的な考え方、メニューの例を紹介していく。

[横浜修悠館高校の選手の特性]

駐屯地における生活（寄宿舎生活）

●規律の重視　●集団生活　●時間管理

自衛官養成
自衛官教官による
専門、服務、戦闘等の教育
集団生活教育

高校生としての教育
文官教官による一般教育
学級活動

スポーツにおける
精神的要素の中核。

個人の生活
自主管理時間（月〜金）
19：00 〜 20：00

土日外出
9：00 〜 21：00

移動と回転

キャッチボール

内野手・外野手の守備の基本

打撃の基本

バント

走塁

実戦守備

投球

練習計画の立て方

[チーム育成の留意事項]

精神的側面

①本校の特性の上に立った育成
※特性をどう競技に生かすか

②マイナス要素の軽減
※競技を通じた矯正

③プラス要素の拡大
※競技場面における努力目標付与
※努力の発見と承認・新たな目標

④生徒の個別性に配慮した指導
※「やる気スイッチ」の発見

技術的側面

①攻撃的側面
打撃、走塁、戦術の観点から、確率良く野手のいない空間・場所に打球を運び、最大スピードで、しかも状況に応じ最短距離で疾走する行為を組み合わせ得点しようとすること

②守備的側面
身体能力を土台として、観察（環境、状況、攻撃者の特徴等）及び予測（攻撃者の攻撃法、投手との相性、起こりうるミス等）しながら、相手の攻撃を個人又は集団で防御すること
※身体能力：瞬発力、敏捷性、柔軟性、巧ち性、投能力、リズム感など

③身体的側面
日常の訓練による全身持久力、体幹の強さに加えて、巧ち性、Speed & Agility & Quickness（SAQ）、筋力、柔軟性などを部のトレーニングでレベルアップすること

[チームづくりのイメージ]

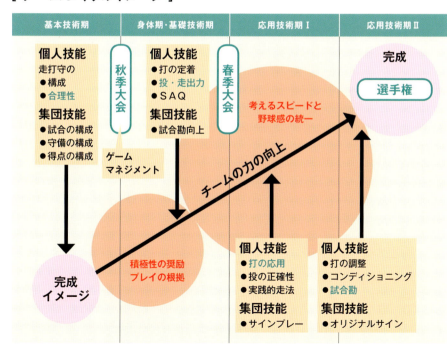

159

　夏の大会が終わり、新チームが始動したこの季節は、基本的な技術を着実に身につける期間としてとらえている。秋季大会もあるため、実践的な練習も取り入れるが、まずは冬のオフシーズンに入る前に基本的なことをこの季節に固めていきたい。

　8月の後半から9月の初旬に関してはとくに基本を重視する。たとえば守備においてはペッパーや個人ノックをはじめ、ストレートノックやクロスノックを多く取り入れながら個人の技術を磨いていく。打撃に関しても同様で、ティーバッティングなどを行いながら、各選手がヒットフォームをつくり上げる時期だ。バントもこの時期に磨いておきたい。

　身体能力のトレーニングに関しては、冬の時期に多く行うため、この時期はあ

[重点項目]

攻撃	①ヒットフォーム矯正（バント姿勢、打撃イメージ） ②二遊間方向への打撃 ③ランニングライン矯正（離塁、3盗、1-3走）
守備	①キャッチ矯正（プレステップ、姿勢、ポイント） ②距離感・送球の安定 ③内外連携
実戦	①積極的攻撃（ＦＳ打撃、ヒット＆ラン、盗塁） ②連携プレイ構築（カバー、サイン、内外距離） ③ゲームマネジメント（コーチャー指導）
メンタル	①目標の共有と相互理解 ②勝利意欲と攻撃的姿勢 ③主観的観察力

まり多くは取り入れない。全くやらないわけではなく、普段の訓練のなかで持久力は維持されているので、そこで不足しがちなスピード系のトレーニングを週に1,2回ほど取り入れる。

　秋季大会が近づいてくれば、実戦感覚も必要になってくるので、ケースバッティングや紅白戦など、試合形式のものを行っている。

移動と回転

キャッチボール

内野手・外野手の守備の基本

打撃の基本

バント

走塁

実戦守備

投球

練習計画の立て方

[練習メニュー例]

曜日	野手メニュー例	分類	投手メニュー例
月	ストレートノック⇒2ヶ所シート⇒塁間ダッシュ×10	基礎技術／スピード	3LD-MD×10
火	ハーフ打撃(硬)+バント+スタート／個人ノック	技術	ブルペン
水	クロスノック⇒シートノック	技術	外野手(遠投)
木	5ヶ所打撃[フリー(硬・軟)+ハーフ(マシン・変化球)]	技術	投手メニューMD×10
金	シートノック⇒ランナーノック／状況バッティング	技術	2LD
土	Tコーンドリル⇒シートノック⇒5ヶ所打撃[フリー(硬)+ハーフ+バント]	技術／スピード	ブルペン
日	試合	実戦	試合

※LD：ロングディスタンス（1LD=4km）　※MD：ミドルラン（ポール間ウインドスプリント）

　冬の時期になると、外でボールを使った練習はできなくなる。そのため、この時期は身体能力を高めるためのトレーニング、つまり走り込みであったり筋力トレーニングであったり、あるいはアジリティを高めるコーンドリルや体幹を強くするトレーニングを多く取り入れる季節となる。投手であれば、スライドボードを使ったスケーティングやメディシンボールで体幹を鍛えるトレーニングなども行っている。

　また、オフシーズンでボールが使えない時期だからこそ、野球へのモチベーションを維持すること、感覚を維持することも大切になってくる。そのためには、オフシーズンであっても筋力トレーニングばかりするのではなく、少しでもボールには触れつつ、野球理論など頭で考え

[重点項目]

攻撃	①打撃理論理解、修正、定着 ②打撃筋力への刺激、スキルへの転換 ③スプリント能力向上
守備	①柔軟性の向上 ②遠投力の向上 ③スキルへの転換
実戦	①野球脳クリーニング ②感覚維持
メンタル	①勝利意欲の継続 ②野球理論の向上

るトレーニングをすることも良いだろう。
　ある意味、この時期にしかできないトレーニングを行う季節だと言える。自らの打撃、投球、守備の修正を修正できるのもこの時期だ。春になればすぐ試合もはじまり、夏の大会まであっという間。秋で基本技術を身につけ、冬は身体能力を高めて技術を修正し、春に力を発揮するための蓄えをつくろう。

[練習メニュー例]

曜日	野手メニュー例	分類	投手メニュー例
月	クロスノック⇒シートノック ⇒ベースラン(本-1、1-3、本-2、2-本)	技術	3LD-MD×10
火	ハーフバッティング(硬)+バント+スタート/ 個人ノック	技術	ブルペン
水	クロスノック⇒シートノック⇒ランナーノック	技術	外野手(遠投) MD×10
木	5ヶ所打撃[フリー(硬・軟)+ハーフ(マシン変化)]	技術	(ブルペンorバッP) ⇒MD×10
金	シートノック⇒ランナーノック／ 状況バッティング	技術	ブルペン
土	Tコーンドリル⇒シートノック ⇒5ヶ所打撃[フリー(硬)+ハーフ+バント]	敏捷性/技術	セルフ
日	OFF	－	OFF

※ LD：ロングディスタンス（1LD=4km）　※ MD：ミドルラン（ポール間ウインドスプリント）

移動と回転

キャッチボール

内野手・外野手の守備の基本

打撃の基本

バント

走塁

実戦守備

投球

練習計画の立て方

応用技術Ⅰ期（3～5月）

オフシーズンを終えたこの季節には、まずは個人のスキルを“確認”すること。冬の時期にすでに修正はしているだろうが、それが実際のグラウンドのなかで問題なく発揮できるのか、まだ修正が必要なのかを見極めていこう。

夏の大会に照準を合わせて、チームとしてレベルアップを図っていく季節でもある。個人のスキルはもちろん大切だが、たとえばケースバッティングを増やしてシチュエーションに応じたバッティング技術を磨いたり、守備では同じように実戦に近い練習を行うなかで、チーム内の約束事や連携、サインプレーを確認し、完成に近づけていく必要もある。

さらに大切なのが、ゲームマネジメント能力を全員が高めていくことにある。1試合9イニングスのなかで、3イニン

[重点項目]

攻撃	①個人スキル確認 ②ケースバッティング技術の定着 ③状況判断
守備	①個人スキル確認 ②連携、サインプレー確認・完成
実戦	①攻守の約束事の確認 ②ゲームマネージメント
メンタル	①勝利意欲 ②試合展開への対応 ③客観的観察力

グス単位の戦い方を考えたり、冷静にいくところ、ギャンブルを仕掛けていいところの判断力を磨いたり、相手のウィークポイントを突くしたたかさを身につけたりする時期でもある。夏の大事な大会前になってこれを急に身につけることは難しいため、この時期から意識して強化していこう。

[練習メニュー例]

曜日	野手メニュー例	分類	投手メニュー例
月	クロスノック⇒シートノック [オンシーズン：振り返り練習]	技術	セルフ
火	ハーフバッティング（硬）+スタート/	技術／スピード	投手ドリル
水	クロスノック⇒シートノック	技術	投手ドリル
木	フリーバッティング／バント（マシン）	技術	フリーP
金	ケースバッティング	技術	投手ドリル
土	フリーバッティング⇒シート or ランナーノック／シートバッティング	技術	野手メニュー
日	練習試合	実戦	試合

夏の最も大きな大会が近づくこの時期ともなると、基本的には個人の技術のレベルアップよりもチーム戦術を磨き、試合に勝つための練習メニューが中心となってくる。メニューはほぼ実戦形式に即したものとなり、どのように得点を奪うのか、選手の個性を生かしながらどのような打線を組み、それぞれにどのような役割を与えるのか。守備面では、不慮の事態を考慮して複数のポジションを守れるような準備をしたり、フォーメーションプレーを修正したりする必要もある。ゲームマネジメントを意識しながら、オリジナルのサインプレーをつくるのもこの時期だ。練習はもちろん、紅白戦や練習試合をこなしながらチームとしての強さを磨いていこう。

そして、チームを強化することと同じ

[重点項目]

攻撃	①得点パターンの構築 ②個人特性のチーム化 ③打線と役割確認
守備	①複数ポジション検討 ②実践的守備の反復 ③フォーメーション微修正
実戦	①オリジナルサインプレー ②ゲームマネージメント
メンタル	①勝利意欲の高揚 ②高レベルゲーム経験 ③ゲームマネージメント理解

くらい大切なのが、コンディショニングだ。練習及び試合中にケガをしないように、普段から柔軟性を高めることはもちろん、万全の状態で試合に臨むことができるように体調管理をしっかりと行い、フィジカル、そしてメンタルともに良い準備をすることも非常に重要だ。試合に合わせるだけではなく、練習のうちから良い状態をつくるように心がけてほしい。

以上が1年間を4つの期に分けた考え方・メニューの紹介だが、これはあくまで横浜修悠館の特性を踏まえたうえでの一例である。チームによって特性や環境、目標も異なるであろうから、ここまで紹介したものはあくまで一つの参考として、それぞれ独自の練習計画をつくり上げてほしい。

移動と回転

キャッチボール

内野手・外野手の守備の基本

打撃の基本

バント

走塁

実戦守備

投球

練習計画の立て方

ここまでさまざまな練習メニューを、
軟式野球だからこそものに絞り込んで紹介してきた。
ここでは、指導者、選手が気になるだろうポイントを、
Q&A方式でお答えする。

Q 右打者の場合、打撃は右方向を
ねらったほうがいいですか？

A ねらうのはいいが、大切なのは
ヘッドの重さでボールを運ぶこと

引っ張るよりも、逆方向をね
らって打つという意識は問題
ありません。ただし、ねらい
すぎて逆方向にバットを押し
出すような形になるのは、あ
まり良い方法とは言えないで
しょう。あくまで、打撃の章
で詳しく紹介したように「移
動と回転」を意識しながら、
ヘッドの重みでバットが回転
するなかで、ボールの当たる
タイミングによって逆方向へ
飛ばすようにしてみましょ
う。

Q 初心者の選手がなかなかボールに
バットが当たりません

A 難しく考えすぎないのも一つのアドバイス

そもそも、あの細いバットを、高速で動いている小さいボールに当てるというのは奇跡に近いことです。強くバットを振り抜こうとしたり、"手"を使おうとしたりすると、人間の手は器用なぶんいろいろな動きができてしまいます。細かい注意点はありますが、当てるだけなら自然な運動のなかで、自然とバットが回転し、あとはちょっとだけバットの位置を調整するだけです。シンプルに考えてみると良いかもしれません。

Q 軟式野球の投手が特に気をつけることを
教えてください

A 原理は硬式野球と同じ。ただし肩の柔軟性を確実に

相手のバントが多かったりボールが弾みやすかったりという特徴はありますが、軟式野球だからこその投球術というのはありません。ただし気をつけてほしいのは、硬式球と比べて軽いボールを強く腕を振って投げるぶん、ヒジよりも肩に負担がかかり、負傷しやすすり傾向にあります。そのため、肩周辺の柔軟性を高めるためのストレッチは、軟式の投手はより意識して行っておいてほしいです。

強い球を投げる、強い打球を打つためには筋力トレーニングはやはり必要ですか？

 必要ですが、できればまずは技術練習に時間を割きたい

特に私のチームの場合は、練習時間が90分と限られていることもあり、野球ができるときには野球の練習をして、技術のレベルアップに時間を割いてほしいと思っています。当然、筋力があったほうが強くなれます。ただこれまでも紹介したように、必須ではありません。投手はコントロールが良ければ打ち取れるし、打者はパワーがなくてもヒットを打つことはできます。時間を有効に使いながら、優先順位を考えて取り組んでみてください。

 野球の技術書にある言葉の感覚を、なかなか選手が理解してくれません

 極力シンプルな言葉で伝えるようにしましょう

軟式野球の場合、硬式野球と比べるとより選手の質は玉石混合だと思います。そんな彼らに指導するのであれば、なるべくわかりやすい言葉で伝えたいところです。たとえば投手に「球を長く持て」と伝えても、どれくらいでリリースしたら良いのかわかりづらいと思います。それなら「ここで放せ」と具体的な言葉で指導してあげたほうが良いと思います。指導者自身ができる、理解している言葉で伝えていくのが良いでしょう。

Q 指導者は選手のどこを見て、
技術の修正をしてあげればいいですか？

A 案外細かいところに、問題は潜んでいるものです

私は特に、非常に細かいところを選手に聞くことが多いです。「いま靴の中の親指はどういう動きをしてた？」「足上げたときに右ヒザが捕手側を向くんだけど、気づいてる？」「動き出す前に右手の小指が動くんだけど、なんで？」など。案外そういうところに問題は潜んでいるかもしれないので、選手を注意深く見て、気づいたら確認してみると良いかもしれません。

Q 野球経験の少ない指導者は、
どのように指導力を高めたらいいですか？

A 指導者同士、研究しあうことが大切です

自分一人で試行錯誤することも大切ですが、周囲にいる指導者と研究しあうことが大事だと思います。先輩指導者や後輩指導者も、同様の悩みを持ちながら指導しているのです。本書で紹介した技術論や練習法は、私がつくり上げたものばかりではありません。多くの先輩方の教えや、学びあいから生まれたものばかりです。聞くは一時の恥。選手のためにも、常に向上心のある「質問人間」でありたいと思っています。

CONCLUSION

おわりに

　以前、他校の指導者の方に言われた ことで、非常にショックなことがあり ました。

「丸山先生のチームの選手って、みん な同じ打ち方ですよね」

　どうやら以前の私は、自分と同じ打 ち方を選手たちに押しつけていたと、 そのときに気づきました。

　選手には個性があり、特徴はみな異 なります。ボールの打ち方、投げ方も みな違いがあって良いのです。

　私が指導をするなかで、本書で何度 も説明した「移動と回転」などは、打 撃においても投球においても、根幹を 為す原理だと思っています。そのため、 この点から外れている場合は、選手に 声を掛けて修正するようにはしていま す。逆に言えば、そこを押さえている のであれば、どんなに個性的な打ち方、 投げ方であってもそれを矯正するよう な指導はしないようにしています。選 手自身が、その原理に自分のエキスを 注入して個性をつくり上げていってほ しいと思っているからです。極端な話、

ヒットを打てればそれで良いのです。

　大切なのは、彼らに野球を楽しんでほしいこと。横浜修悠館の選手たちは全員が自衛官を目指しているため、彼らの野球はこの高校3年間でいったん終わりの日がきます。でもいずれ、たとえ草野球かもしれませんが、野球をする機会は大人になったときにまたやってくるかもしれません。そのときに、この3年間で身につけたものを生かして、野球を楽しんでほしい。ワキを締めろだ、バットを寝かせろだ、誰かに言われてフォームを矯正するのではなく、自分が気持ちよく構えて、気持ちよくバットを振って、スカッとボールを飛ばして、生涯スポーツとして野球を楽しんでほしいと祈っています。

　本書を手にとっていただき、ありがとうございました。もしこの本が、より野球を楽しむための一冊となれば、幸いです。

横浜修悠館高校（陸上自衛隊 高等工科学校教官）

丸山王明

著者&チーム紹介

著者
丸山王明　まるやま・きみあき

1967年4月7日、長野県佐久市出身。現役時代は、長野県立浅科中学校、長野県岩村田高等学校でプレー。主なポジションは、二塁手、捕手。日本体育大学で教員資格を取得し、陸上自衛隊少年工科学校に着任、湘南高等学校通信制非常勤講師に着任（兼職）。翌年に野球部監督となり、全国定時制通信制大会で優勝5回、準優勝2回の実績を残す。2007年、神奈川県立横浜平沼高等学校通信制との集約により設立された神奈川県立横浜修悠館高校軟式野球部監督に着任。神奈川県高等学校野球連盟軟式部に加盟し、2013年、全国軟式野球選手権大会優勝を果たした。

協力　**横浜修悠館高校 軟式野球部**

部員は全員が陸上自衛隊の教育機関である高等工科学校の生徒であり、全寮制で、毎朝のランニングから厳しい訓練を積んでいる。2013年の全国軟式野球選手権大会では、決勝戦で新田高校（愛媛）を延長サヨナラの末に破り、初出場にして初優勝の快挙を達成した。

身になる練習法
軟式野球　ビルドアップ式強化ドリル

2017 年 10 月 31 日　第 1 版第 1 刷発行

著　　　者／丸山王明

発　行　人／池田哲雄
発　行　所／株式会社ベースボール・マガジン社
　　　　　　〒 103-8482
　　　　　　東京都中央区日本橋浜町 2-61-9 TIE 浜町ビル
　　　　　　電話　　　03-5643-3930（販売部）
　　　　　　　　　　　03-5643-3885（出版部）
　　　　　　振替　　　00180-6-46620
　　　　　　http://www.bbm-japan.com/
印刷・製本／広研印刷株式会社